W0398135

Die Alster

ein Alltagsmärchen

in 48 Bildern und Versen
frei nach Heinrich Heine

Matthias Schmoock Philipp Grassmann
Kristel Gießler Rainer Scheppelmann

Medien-Verlag Schubert

ISBN 3-929229-76-5

Das Buch „Die Alster - ein Alltagsmärchen" basiert
auf einer Ausstellung der Staatlichen Pressestelle
der Freien und Hansestadt Hamburg.

Idee: Kristel Gießler
Texte: Matthias Schmoock, Rainer Scheppelmann
Aktuelle Fotografien: Philipp Grassmann

Gestaltung: Arne Mebus

Druck: C.H. Wäser GmbH & Co KG
Printed in Germany

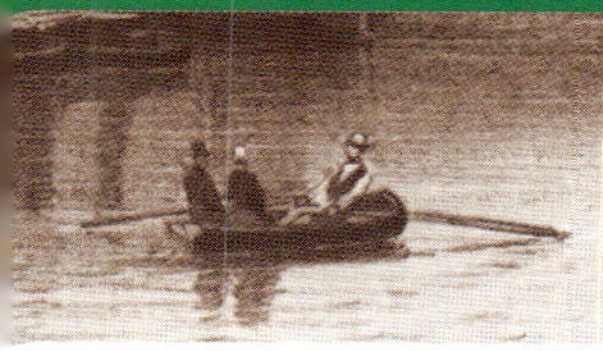

Inhalt

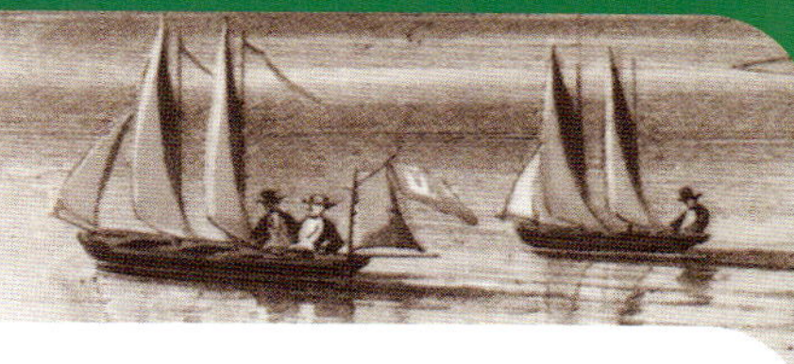

Stromgebiet
der Alster

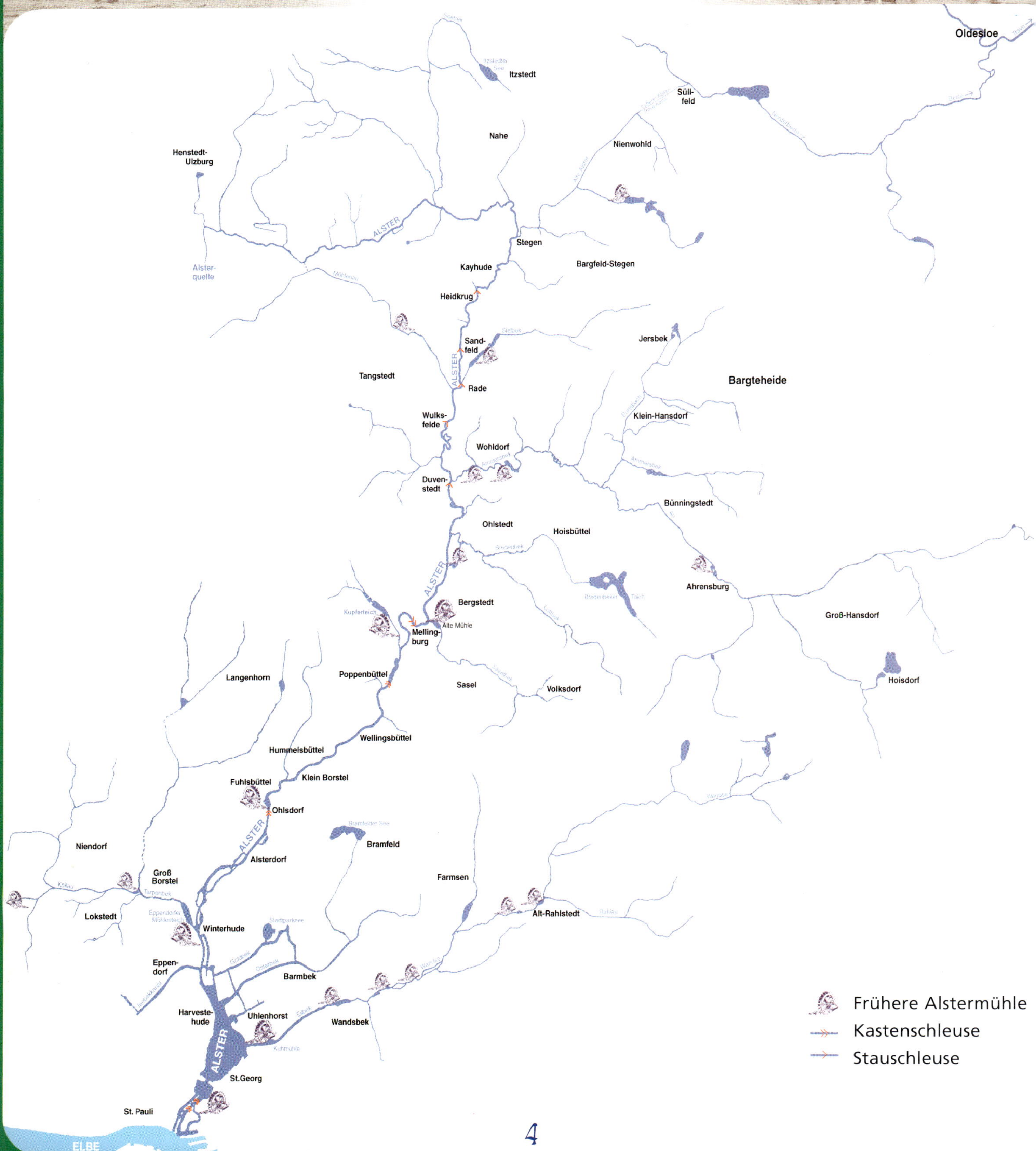

Grußworte

„Der Elbe Schifffahrt macht uns reicher; / Die Alster lehrt gesellig seyn! / Durch jene füllen sich die Speicher; / Auf dieser schmeckt der fremde Wein."

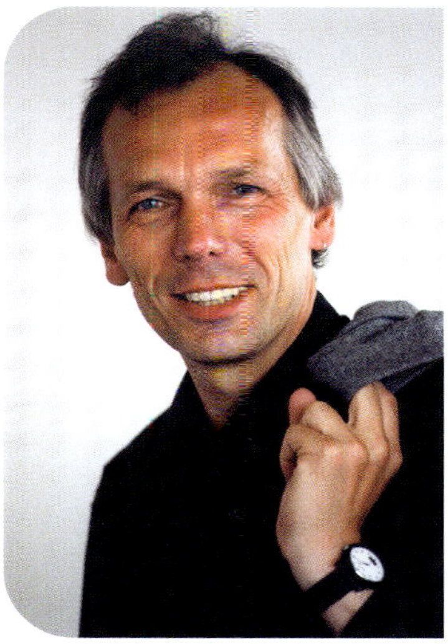

Mit diesen Versen von 1747 hat der Hamburger Dichter Friedrich von Hagedorn die Bedeutung von Elbe und Alster fast zeitlos umrissen. Elbe und Alster sind danach wie zwei Pole, die die Stadt prägen und im Gleichgewicht halten. Die Elbe und der Hamburger Hafen stehen für Handel, Seefahrt und Fremdenverkehr - und damit für das wirtschaftliche Standbein der Stadt. Das Spielbein aber ist die Alster. Die Alster ist die Seele von Hamburg - ruhender Pol in der Hektik des Alltags, Auge im Taifun einer wirbelnden Stadt.

Dass wir die Alster heute für Freizeit und Erholung nutzen können, ist keineswegs selbstverständlich. Es war Max Brauer, der sich in den fünfziger Jahren für den freien Zugang zur Alster eingesetzt hat. Seither ist die Alster der kollektive Luxus der Hamburger: ein Ort für Flaneure, eine Laufbahn für Jogger und Radler, eine Grünfläche mit Mehrblick, eine Brise Urlaub für Segler, ein Eisparadies - nicht nur im Winter. Trotz dieser vielen Nutzungen hat die Alster Raum für die Natur bewahrt. Schlickige Ufer, Schilfrohr und Schwäne: Auch das hat die Alster zu bieten.

Wie sich diese Art Promenaden-Mischung, dieses "Gesellig-Seyn", im Laufe der Zeiten gewandelt hat, möchte Ihnen der vorliegende Ausstellungsband zeigen. Bei allem Wandel ist eines geblieben: Die Alster ist ein kleines Märchen in unserem Alltag - ein Alltagsmärchen.

Alexander Porschke

Alexander Porschke, Umweltsenator

Grußworte

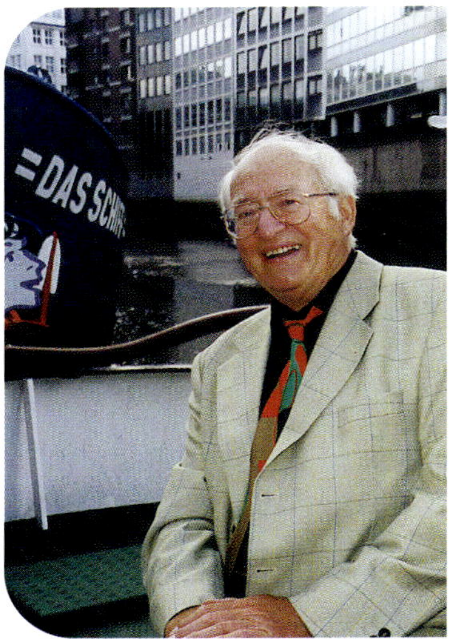
Eberhard Möbius vor seinem Theater-Schiff, das im Nicolaifleet, der ehemaligen Alstermündung vor Anker liegt.

Tausend Brillianten auf hellblauem Grund, in der Sonne blitzend, so gibt sich die „Schöne Hamburgerin“, die Alster - das Juwel der Stadt. Eigentlich sollte das unscheinbare Flüsschen am Ende ihres 52 Kilometer langen Laufes nur eine Wassermühle am Reesendamm antreiben. Doch die Ingenieure hatten Pech. Fruchtbare Flussweiden versanken im Wasser. Plötzlich entdeckte Hamburg seinen Binnensee und der wurde seit 1775 kräftig zum Feiern benutzt. Fast 200 Jahre später gab es beim ersten „Alster-Vergnügen“ 1976 wieder eine Überschwemmung. Man hatte die Hamburger gebeten, ihre Liebe zur Alster in Reime zu fassen. Eine Flut von über 3000 Alstergedichten war die Folge! Heiter, übermütig, verliebt, versonnen und versponnen und immer in mehr oder weniger geglückten Zeilen voller Liebe zum innerstädtischen Schmuckstück.

Damit standen die Reimschmiede aber auch in guter Tradition. Detlev von Liliencron, Barthold Heinrich Brokes, Gorch Fock, Hans Leip, Kurt Tucholsky, Joachim Ringelnatz, Richard Dehmel, nur um einige zu nennen. Doch sie alle wurden übertroffen von Friedrich von Hagedorn (1708-1754), dem Altmeister der Dichtkunst. Er brachte die Hymne auf die schöne Hamburgerin auf den Punkt:

Beförderer vieler Lustbarkeiten,
du angenehmer Alsterfluß!
Du mehrest Hamburgs Seltenheiten
und ihren fröhlichen Genuss.

So wünsche ich Ihnen viele Anregungen in der Alster-Ausstellung und Spaß bei der Lektüre dieser Beschreibung. Und das wird Ihnen auffallen! Selbst sonst eher als trocken verschriene Hamburger Rathausbeamte können nicht anders: Sie wurden von der Dichtkunst überwältigt. Es geht bei der Schönheit unserer Hamburgerin garnicht anders! Und wann reimen Sie?

Eberhard Möbius

Matthias Schmoock

Hamburgs Schöne, Hamburgs Perle

Sie ist die blaue Lebensader der Stadt, die plätschernde Visitenkarte Hamburgs. Und die Alster ist in jeder Hinsicht mehr als nur ein Fluss: Sie beginnt als Bach, wird zum Fluss, später sieht sie aus wie ein großer See, dann wie ein großes Schwimmbad und schließlich endet sie nach 56 Kilometern recht unspektakulär: als Kanalsystem oder besser gesagt als Fleet mit unterschiedlichen Namen.

Wo die Elbe grau ist, schimmert die Alster eher blau. Die Elbe nennen viele kraftvoll, die Alster lieblich. An der Elbe geht man forscher spazieren, auf der Alster dürfen Tretboote entlangdümpeln.

Friedrich von Hagedorn hat den Widerspruch zwischen den beiden Hamburger Fluss-Schwestern einmal so beschrieben:

Der Elbe Schiffahrt macht uns reicher,
Die Alster lehrt gesellig sein!
Durch jene füllen sich die Speicher,
Auf dieser schmeckt der fremde Wein.

Touristen, selbst feine Staatsgäste, sind regelmäßig über den herrlichen „See" in der Mitte der Stadt entzückt. Die Menschen hier haben die Alster, von der sie natürlich wissen, dass sie kein See ist, auch sehr gerne, aber ihre Existenz ist für viele einfach zu selbstverständlich geworden. Die tiefe, dankbare Verbeugung an der Alsterquelle, die Detlev von Liliencron einmal von jedem Hamburger einforderte, haben wohl nur die Wenigsten über sich gebracht, schlimmer noch: Trotz ihrer ständigen Präsenz wissen wir über die Perle in unserer Mitte doch eigentlich viel zu wenig.

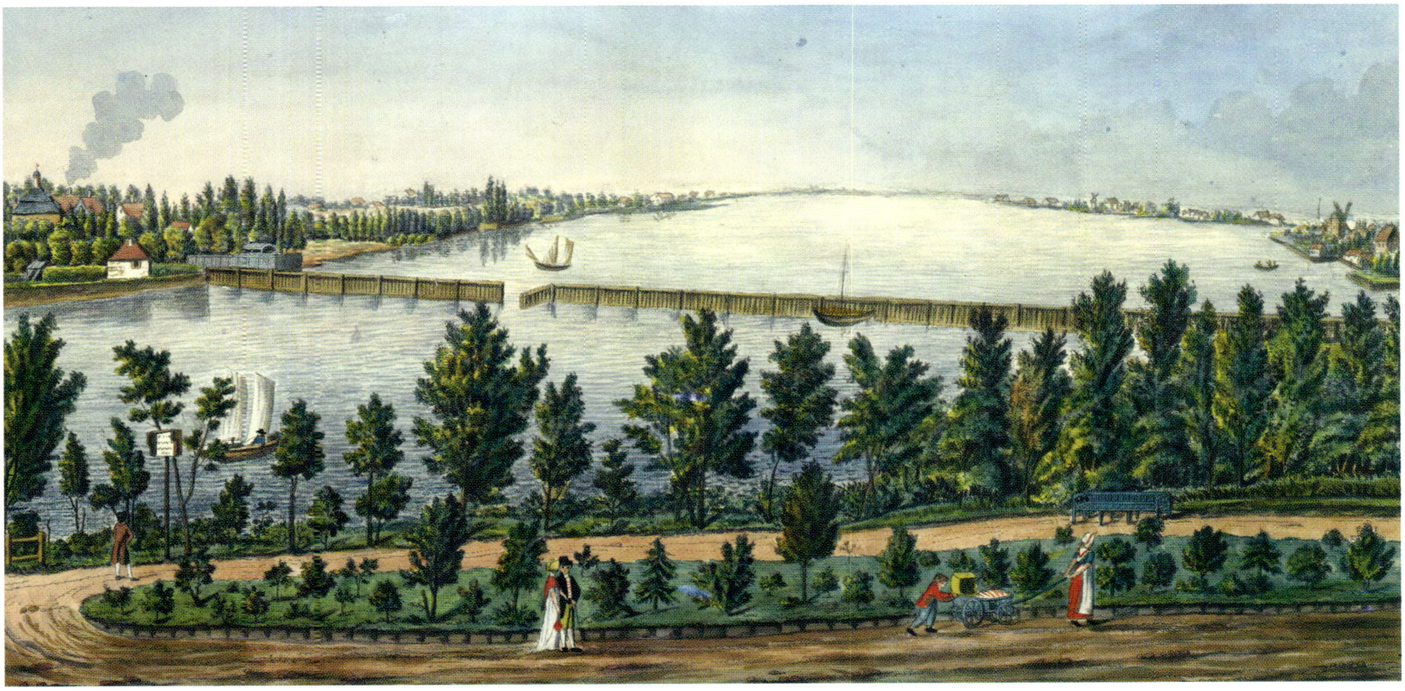

Blick auf die Außenalster um 1808

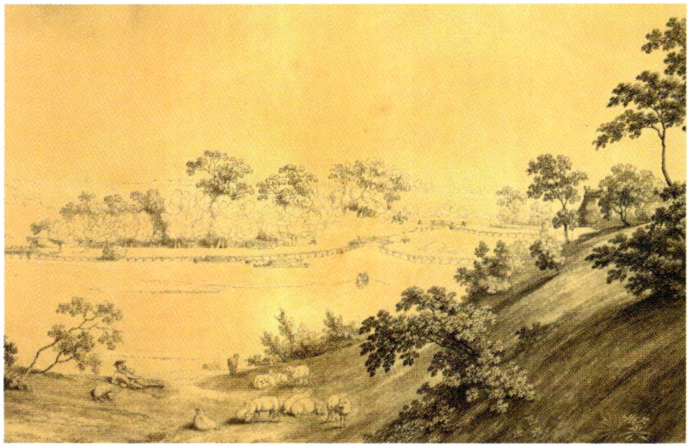

Blick auf Poppenbüttel, 1770

Wie will man den Menschen in Hamburg die Alster denn auch näher bringen? Sie tut das ja schließlich Jahr ein, Jahr aus von alleine. Die vielen Bücher zum Thema leisten sicherlich wertvolle Hilfe, aber eigentlich verdient sie ein Denkmal oder jedenfalls so etwas ähnliches.

Mit der Ausstellung in der Rathausdiele wird die Alster nun also aufs das verdiente Podest gehoben: geehrt mit wunderschönen Fotos und pfiffigen Gedichten, die hier allesamt abgedruckt sind. Und für alle, die es noch etwas genauer haben möchten, folgt der Versuch einer Annäherung.

Bis 1200 gar nicht so beliebt...

Dass man die Alster eines Tages einmal als „Perle Hammonias" bezeichnen würde, konnte sich bis ins Mittelalter wohl niemand vorstellen. Mit ihrem unwegsamen, zerklüfteten Rand und den ständigen Überschwemmungen war sie für das Städtchen eher eine Belastung als eine Zierde. Von Wassersport war noch nicht die Rede, vom Drumherumspazieren schon gar nicht, und auf den Blick über das morastige Nass konnten die Hamburger auch gerne verzichten.

Die Wende brachte vor allem der Reesendamm, der im 13. Jahrhundert auf Höhe des heutigen Jungfernstiegs angelegt wurde. Der Damm teilte den Fluss in Kleine und Große Alster und gab ihm so einen Teil seiner heutigen Gestalt. Das größer werdende Gewässer trieb die lebenswichtigen Alstermühlen an und konnte mit der Zeit auch immer besser befahren werden.

Auf dem Hamburgplan von Braun und Hogenberg (1574) findet sich die erste Darstellung von Alsterbooten: Zwei mit Holz beladenen Schiffchen nehmen Kurs in Richtung Reesendamm, andere warten in der Nähe auf Fracht. Die Alster wurde also früh zum Wirtschaftsfaktor. Auch sonst wuchs ihre Bedeutung für die Stadt, zum Beispiel als Trinkwasserlieferant und Hindernis gegen Feinde.

Was lange Zeit im Bewusstsein der Hamburger fehlte, war die Bedeutung, die die Alster heute eben auch hat: Der Fluss als Erholungsspender, als Sportreservoir und als Refugium für diejenigen, die mal eben ihre neuen Mäntel vorführen wollen.

Noch bis in die späten Jahre des 18. Jahrhunderts war die Alster ein Fluss ohne rechten Schick, voll integriert zwar in die Lebens- und Arbeitswelt der Stadt, aber noch mit eher wenig Freizeitwert oder gesellschaftlicher Bedeutung. 1787 lobte der Hamburger Topograph Jonas Ludwig von Heß die „sanfte niedrige Talgegend am Alsterwasser". Sie sei so schön, „weil sie so einsam ist und keine Ansprüche zu machen scheint [...]. Alles umher atmet Wonne, die durch den Schleier der Bescheidenheit einer sanften Natur jeden Augenblick vermehrt wird."

Ein Luxusgut für alle Stände

Doch der Wandel zum Ende des Jahrhunderts kündigte sich bereits an: Aus dieser Zeit stammen erste Darstellungen von Paddel- und Segelbooten auf dem Fluss, und schon in einem Reisebericht von 1794 wird erwähnt, dass die Alster an „Sommernachmittagen- und Abenden" von Schuten und Wasserfahrzeugen belegt sei - und zwar „mit Menschen aus allen Ständen". In Zeiten gravierender Klassenunterschiede war das eine kleine Sensation. 1793 war auf der Binnenalster eine der ersten Fluss-Badeanstalten Deutschlands eingerichtet worden: das Badeschiff ein Floß mit zwölf Badekammern. Viele andere, komfortablere Badegelegenheiten sollten folgen.

Ein weiteres Zeichen der neuen Zeit: 1796 wurde der Jungfernstieg um acht Meter verbreitert und durch 200 neue Linden verschönt. Damals verwandelte sich die Straße in einen Boulevard zum Flanieren, und daran hat sich nie wieder etwas geändert. „Da läßt sich gut sitzen, und da saß ich gut gar manchen Sommernachmittag, und betrachtete, was ein junger Mensch zu betrachten pflegt, nämlich die jungen Mädchen, die vorübergingen", notierte Heinrich Heine 1834. Mal saß er im Alsterpavillon, dessen Anfänge schon bis 1799 zurückreichen, mal bei der Konkurrenz gegenüber: im Schweizerpavillon.

Und noch ein Gedicht aus jenen Tagen:

Wie schöne Bilder bot mir jeder Tag,
wenn in der stillen Alster sich ein Meer
von schönen Häusern ringsum spiegelte.

schrieb Hoffmann von Fallersleben bei einem Besuch 1841, die Alster war damals also schon lange nicht mehr unbezähmbar.

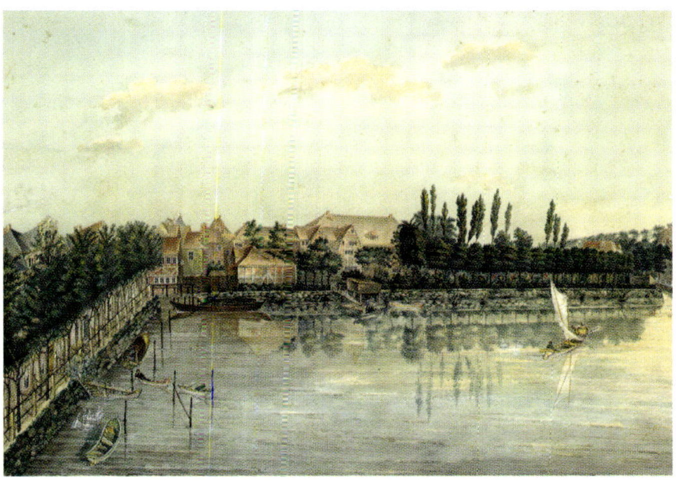

Die Binnenalster, 1810

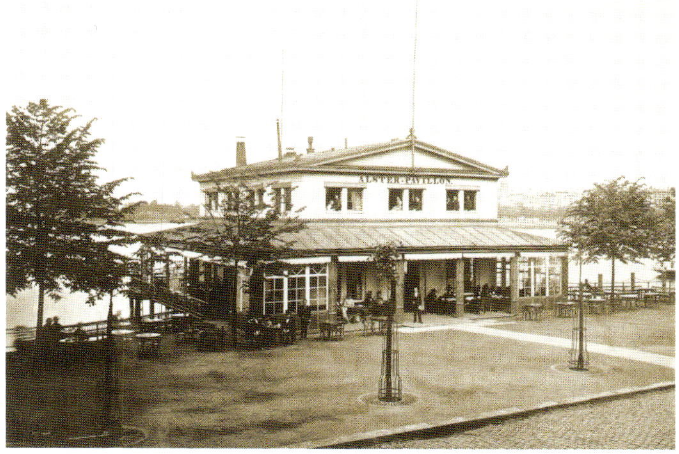

Der Alsterpavillon, 1874

Das Venedig des Nordens...

Die endgültige Verankerung im Hamburger Alltag, im Getümmel der größer werdenden Stadt, brachte - Glück im Unglück - der Große Brand von 1842. Denn nachdem die Mühlen zerstört waren, wurde nicht nur der Wiederaufbau der Stadt sondern auch die Struktur der Alster ganz neu konzipiert. Binnenalster und die Kleine Alster mit den zeitlos schönen Arkaden erhielten ihre heutige Gestalt, ihre Fans meinten später, „einen Hauch Venedig im hohen Norden" zu spüren.

Erst damals wurde eine Verbindung mit der Elbe hergestellt, die auch per Schiff passiert werden konnte. Diese kleine Wasserstraße erlangte für die Versorgung der Stadt eine wichtige Bedeutung, heute ist sie bei Fahrten mit dem Alsterdampfer nach wie vor beliebt.

Noch bedeutender waren der Bau der Reesendammbrücke und der Schleuse mit Brücke zwischen Rathausmarkt und Poststraße. Fortan ließ sich der Wassserstand der Alster besser regulieren und dauerhaft senken. Als Folge blieben die tiefer gelegenen Gegenden rund um die Alster, zum Beispiel die Uhlenhorst, von Überschwemmungen verschont und konnten neu erschlossen und bebaut werden.

Die Alster wird sportlich

Und jetzt das vielleicht Wichtigste: Im Sommer 1844 versetzte die erste Ruderregatta die Wasseroberfläche in heftige Unruhe. Eine erhalten gebliebene Jubiläumsschrift erinnert so an dieses Ereignis: „Mit großem Interesse war nicht nur das auf der Alster in Booten, auf den errichteten Tribühnen und an Ufern versammelte Publikum den Darbietungen gefolgt, auch die Behörden unserer Vaterstadt hatten die Veranstaltung auf jede Weise gefördert." Im Oktober wurde der Allgemeine Alster-Club (AAC) gegründet, der sechs Jahre später auch die Regie bei der ersten „Lust"-Segelregatta übernahm. Erklärtes Ziel des AAC war es, „einen mächtigen Körper zu organisieren, welcher die Interessen der einzelnen Clubs in jeder Hinsicht wahrnimmt sowie das Bauen guter Boote in und um Hamburg auf alle Weise zu befördern sucht".

Die Intensivierung von Segel- und Rudersport verstärkte die gesellschaftliche Aufwertung der Wohngegenden rund um die Außenalster.

Ausflugslokale wie der „Rabe" auf Harvestehuder Seite und das gegenüber liegende „Uhlenhorster Fährhaus", früher eher unbedeutende Klitschen, avancierten zu beliebten Treffs. Die Alster wurde verkehrstechnisch immer besser erschlossen und rückte mit dem restlichen Hamburg noch stärker zusammen: Schon 1852 hatten wohlhabende Uhlenhorster Anwohner damit begonnen, den Weg zur Stadt zu erschließen, sodass es nun möglich war, die Alster halb zu umrunden. 1859 eröffnete das Dampfboot „Alina" auf der Alster den regelmäßigen Fährverkehr, der sich zunächst auf die Strecke Jungfernstieg, Winterhude und Mühlenkamp beschränkte. 1860 kamen drei weitere dazu, und 1894 waren bereits 30 Dampfer im stark ausgeweiteten Liniendienst unterwegs.

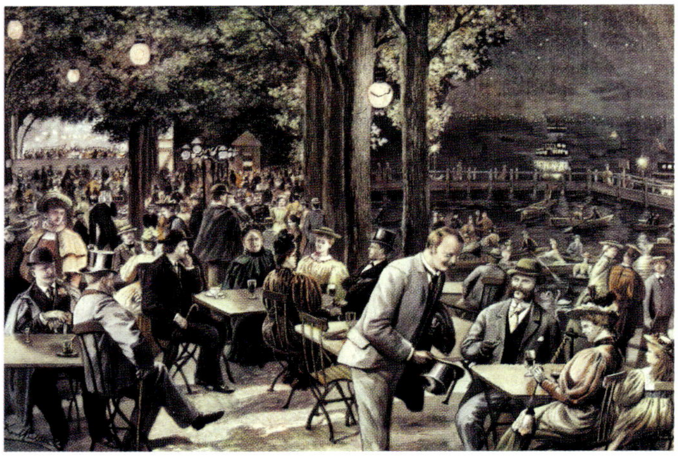

Uhlenhorster Fährhaus, 1890

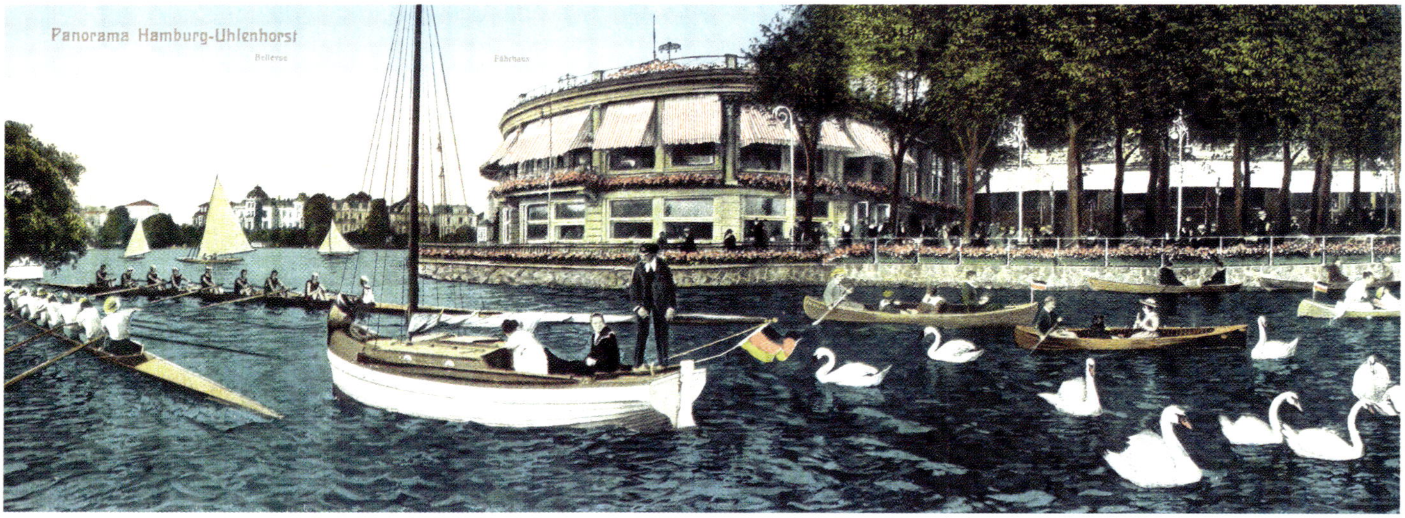

Wetteifernde Alsterufer

Als Wirtschaftsfaktor und Freizeitrefugium hatten die Hanseaten den herrlichen Fluss ja schon länger genossen, nun war er also auch noch richtig vorzeigbar geworden. Bereits seit dem späten 19. Jahrhundert wetteiferten die beiden Alsterufer darum, wer es denn nun besser getroffen habe, und die Witzchen über die angeblich etwas neureicheren Uhlenhorster machen bis heute die Runde. Doch nicht nur Hamburgs Bürger pilgerten zur Alster, sondern auch diejenigen, die in unserer Zeit auf den Straßen längst ein vertrauter Anblick geworden sind: die Touristen aus aller Welt.

Die Schilderungen in Stadtführern und Hamburgbüchern der damaligen Zeit lesen sich ähnlich wie heute. Über die Einblicke an der Außenalster heißt es in einer Ausgabe von „Hamburg in Wort und Bild“ aus dem Jahr 1896: „Alles was auf Reichtum pochen darf, was auf bevorzugte sociale Stellungen Anspruch erhebt in Hamburg, hat seinen Wohnsitz aufgeschlagen. Der reiche Kaufherr wie der hochmögende Herr Senator haben sich an den Alsterufern Lustschlösser geschaffen, in denen man schon den Stürmen des Lebens in Ruhe zuschauen kann. Vornehm ausgestattete Innenräume, reich besetzte Tafeln wundervolle Parkanlagen, eine Schar von Dienern um sich – was kann man mehr verlangen?“

Seit 1860 hatte es immer wieder Pläne gegeben, das linke und das rechte Ufer zu verbinden mal war von einer Brücke, mal von einem Tunnel die Rede.

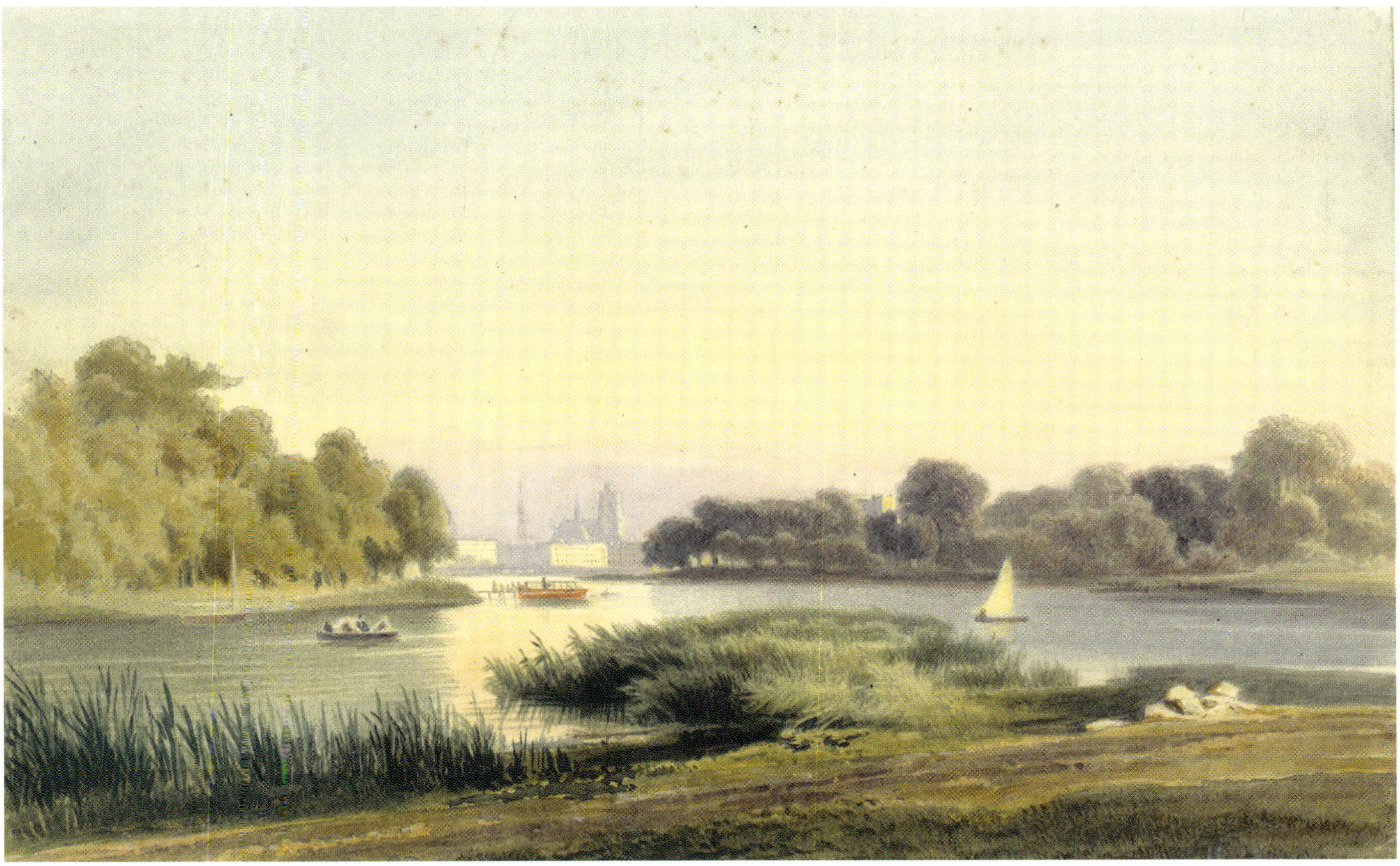

Aussicht am Mühlenkamp, 1861

Die heftigen öffentlichen Reaktionen darauf zeigen, welche ästhetische Bedeutung die Alster inzwischen im Bewusstsein der Hamburger erlangt hatte. Der Bau werde vorangetrieben „lediglich um selbstsüchtigen Absichten zu genügen, unbekümmert darum, ob eine der schönsten Zierden Hamburgs dabei zum Opfer falle", wetterten 1862 die *Hamburger Nachrichten*. Bekanntlich sind alle Projekte in den Behördenschubladen verschwunden, zuletzt 1983. Auch wenn der Weg um die Alster für Autofahrer faktisch ein Umweg ist - die meisten lassen sich wohl doch durch den herrlich Anblick besänftigen.

Alsterzugang für alle

Der Spaziergang an derselben Stelle - heute eine genussreiche Selbstverständlichkeit - war noch bis 1953 nicht möglich, weil die Gärten zwischen Krugkoppelbrücke und Alter Rabenstraße privaten Eignern gehörten. Erst anlässlich der Internationalen Gartenbauaustellung ließ Bürgermeister Max Brauer aus dem Alstervorland einen öffentlichen Park machen - die Hamburger freuen sich bis heute daran.

Verglichen mit dem Wirbel um Außen- und Binnenalster hatte der Oberlauf der Alster bis zur Jahrhundertwende in einer Art Dornröschenschlaf verbracht. Zwar war der Flusslauf im Alstertal schon viel länger wirtschaftlich genutzt worden, aber Sportler und Erholungssuchende verschlug es bis zur Jahrhundertwende eher selten in diese Gegend.

Das änderte sich, nachdem Hamburgs Bevölkerungszahlen rapide angestiegen waren und immer mehr Menschen aus der pulsierenden Stadt flüchteten. Reiche Kaufleute richteten sich auch hier flotte Landsitze ein, und immer mehr Ausflügler suchten die Stille der noch wenig erschlossenen Gegend.

Um die Besucherströme besser in den Griff zu bekommen und diesen neuen Wirtschaftsfaktor gewinnbringend zu nutzen, wurde 1900 unter der Regie des Lehrers Ludwig Frahm der Alsterverein gegründet. Die Mitglieder zeichneten Karten, legten Wanderwege an und kümmerten sich um die Pflege der Alsterquelle bei Henstedt. 1957 gründete der Verein im Torhaus des Gutes Wellingsbüttel das Alstertal-Museum, und bis heute gibt er ein lesenswertes Jahrbuch heraus.

Auch die Oberalster wurde erst in neuester Zeit für alle zugänglich. Als der Senat 1948 beschloss, mindestens ein Alsterufer solle für die Öffentlichkeit den ganzen Fluss entlang zugänglich sein, protestierten die Anrainer und führten unter anderem als Grund an, die Singvögel würden in ihrer Ruhe gestört. Inzwischen ist der Gang oder die Fahrt entlang der Oberalster ein für alle Hamburger selbstverständliches Recht.

So wurde die Alster schließlich in jeder Beziehung zum Mittelpunkt der Stadt, auch wenn das geographisch nicht ganz genau hinkommen mag.

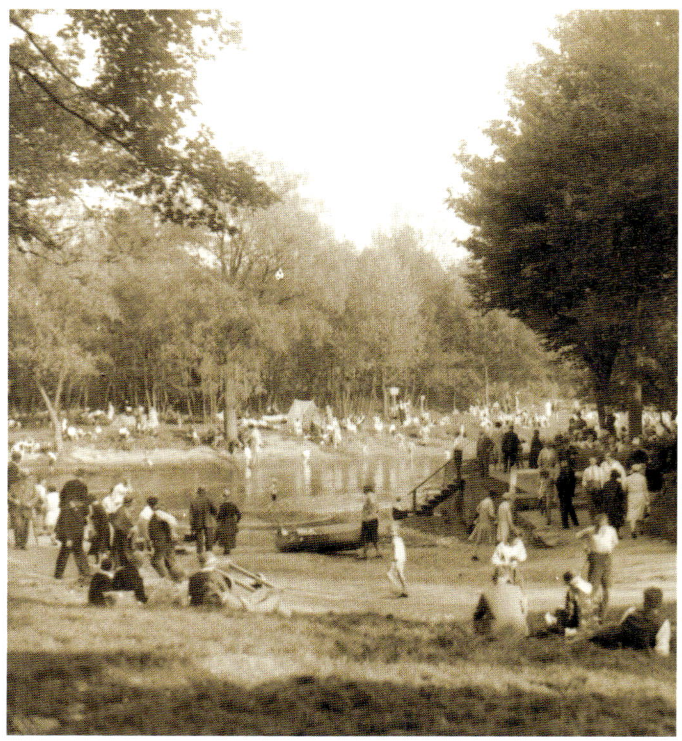

Freizeit an der Poppenbüttler Schleuse, 1930

Baden in der Alster?

Eigentlich fehlt gegenüber früheren Jahren nur noch das erfrischende Bad in Hamburgs Stadtfluss. Vielleicht wird diese Vision schon in naher Zukunft Wirklichkeit, denn die Wasserqualität ist inzwischen wieder so gut wie seit Jahrzehnten nicht mehr.

„Am Schwanenwik / Schwimm' die Ködel mit Musik / Auf der Alster / Schwimmt 'n Qualster / Auf der Elbe / Schwimmt dasselbe" hatte lange vor dem Zweiten Weltkrieg ein Spottlied gelautet. Heute ist dank der aufwendigen Neugestaltung des Sielsystems damit Schluss.

Seit den frühen 80er Jahren wird auch verstärkt auf natürliche Helfer gesetzt: Das Amt für Wasserwirtschaft ließ Rohrkolben, Schilf und Binsen ansetzen – entweder direkt am Ufer oder auf kleinen, vorgelagerten Flachbuchten aus Natursteingeröll. Die Pflanzen bieten ideale Brutplätze für Wasservögel und fördern die Selbstreinigungskraft des Wassers erheblich.

Die Alster war und ist tatsächlich die Perle der Stadt, und wenn die Verbeugung an ihrer Quelle wohl auch nicht nötig ist, hat sie Anerkennung und Schutz verdient.

Jeden Tag aufs neue.

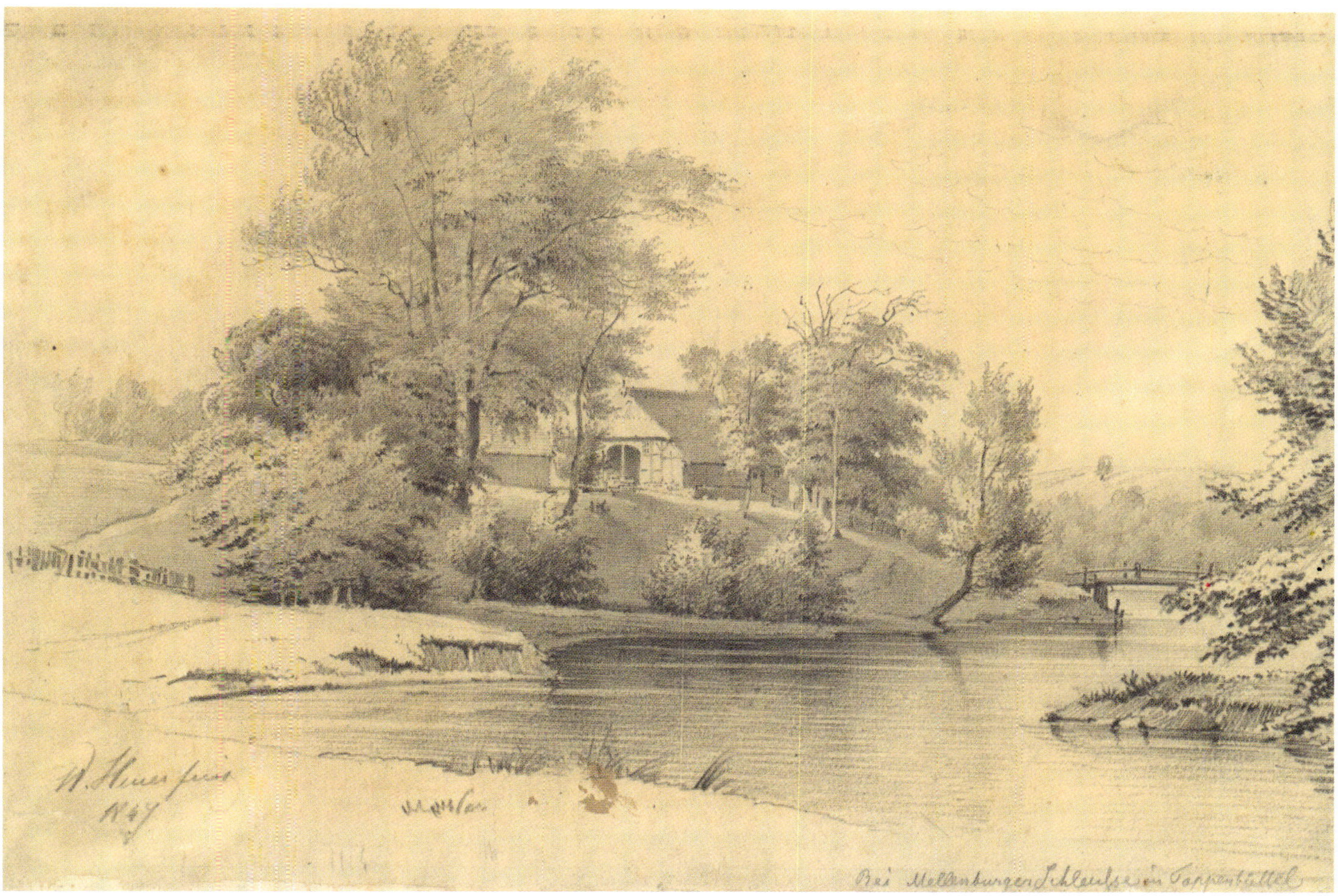

Ansicht der Mellenburger Schleuse, 1847

140 Jahre Alsterschifffahrt

Lust- und Linienfahrten auf der Alster

Ihren Besuch in Hamburg krönten so bedeutende Staatsgäste wie Kaiser Wilhelm der Zweite und die britische Königin Elisabeth II. mit einer Alsterdampferfahrt.

Aber auch schon vor Jahrhunderten genossen die Hanseaten auf „Alsterschüten" Lustfahrten mit angenehmster Musik. So pries der Dichter Friedrich von Hagedorn (1708 - 1780) den großen See mitten in der Stadt, der bis heute selbst unterkühlte Hanseaten ins Schwärmen bringt: „Die Alster lehrt gesellig seyn!".

Vor 141 Jahren, genau am 15. Juni 1859, wurde der regelmäßige Linienverkehr mit Dampfschiffen auf der Alster eröffnet.

Die Idee, eine Dampfschiffverbindung auf der Alster einzurichten, hatte der aus Bremen stammende Kaufmann Gustav Adolph Droege. Der auf der Uhlenhorst ansässige Versicherungsmakler Droege beantragte 1854 beim Hamburger Senat eine Konzession, die er nach langen Diskussionen und Prüfungen auch erhielt. Sein erstes Schiff, ein Rheindampfer, schlug leck und sank bei der Überführung.

Der Schiffsmakler Johann Peter Parrau startete einen neuen Versuch und ließ auf der „Reiherstieg Schiffswerft und Kesselschmiede" ein kleines Alster-Dampfboot bauen. Am 15. Juni 1859 stach die „Alina" in See. Die Linie verkehrte bis 1862 zwischen dem Jungfernstieg und Winterhude. Neue Fährverbindungen entstanden zwischen dem Uhlenhorster Fährhaus und dem Fährdamm in Harvestehude.

1890 pendelten Alsterdampfer im Linienverkehr vom Jungfernstieg durch den Eilbekkanal, über die Richardstraße bis zur Von-Essen-Straße und zurück. 30 Dampfer schipperten um die Jahrhundertwende

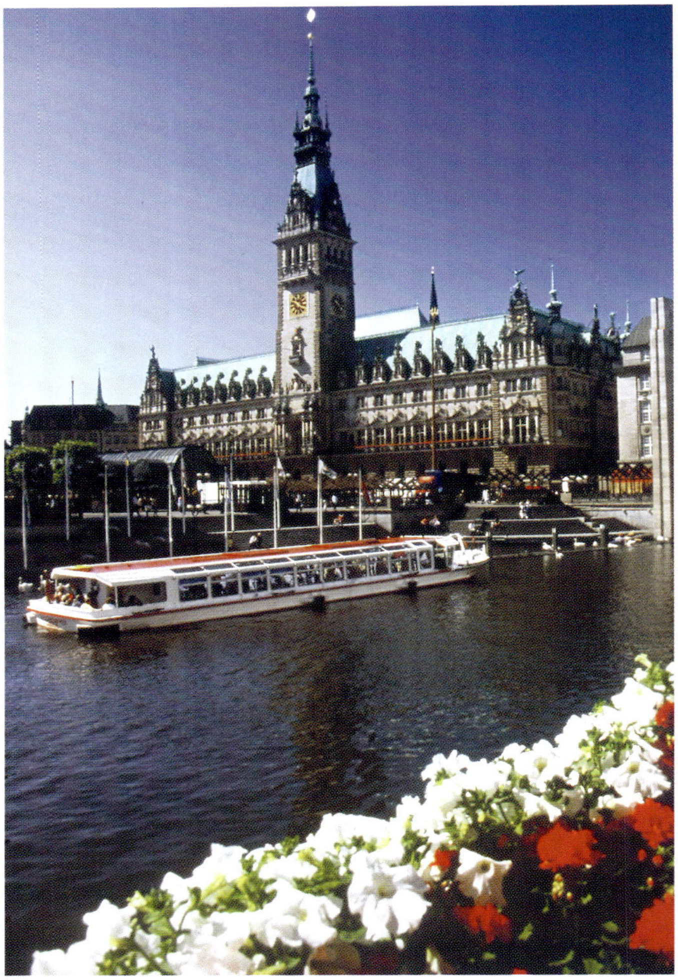

über die Alster. Bis 1911 stiegen die Fahrgastzahlen auf knapp 11 Millionen. Damit hatte die Alsterschifffahrt ihre Blütezeit erreicht. Das Aussehen der Dampfer änderte sich in den Jahren vor dem Ersten Weltkrieg, es entstand der „Glattduecker-Typ" mit durchlaufenden Decks. Dem Aufschwung der Alsterschifffahrt bereitete der Erste Weltkrieg ein Ende. Wegen Kohlemangels musste die weiße Alsterflotte 1917 ihren Verkehr einstellen.

Nach Kriegsende ging die Alsterschifffahrt in den Besitz der Hamburger Hochbahn AG über. Das letzte richtige Dampfschiff, die „Alster", lief 1931 vom Stapel. Im Februar 1935 wurde das erste von zehn neuen Motorschiffen mit großen Aufmärschen und Festreden getauft. Doch gleich zu Beginn des Zweiten Weltkrieges wurde die Alsterschifffahrt am 28. August 1939 mit Ausnahme der Fähre zwischen Harvestehude und Uhlenhorst eingestellt. Im Bombenhagel der Alliierten sank die Fähre im Sommer 1943.

„Die Alsterschiffe sind ein Symbol des Friedens", erklärte Hamburgs Erster Bürgermeister Max Brauer. Auf seine Anordnung nahm die Alsterschifffahrt am 25. November 1946 wieder ihren Linienbetrieb auf. Rund 3,4 Millionen Fahrgäste nutzten in den 50er Jahren dieses Angebot.

Auch die Alsterrund- und Lampionfahrten bei Nacht erfreuten sich großer Beliebtheit, da neue, moderne Schiffe, die „Eilenau" und die „Seebek", eingesetzt wurden. Als die Linienschifffahrt in den 70er Jahren ein steigendes Defizit verzeichnete, setzte die Hochbahn verstärkt auf Touristikfahrten. 1975 starteten die Fleet-Fahrten und Kanal-Fahrten, ab 1976 fuhren Alsterschiffe erstmals auf der Vierlande-Fahrt von der City nach Bergedorf. 1977 fanden die Brückenfahrten großen Anklang. Die Ausrichtung auf die Touristik hatte die Gründung der ATG ALSTER-TOURISTIK GMBH zur Folge, am 27. April 1977.

Mit der Linienschifffahrt ging es in den 80er Jahren weiter bergab, die Hamburger sorgten sich um den Fortbestand ihrer weißen Flotte. Die Linien fuhren 1983 mit nur noch 690.000 Fahrgästen ein Defizit von 1,3 Millionen Mark ein. Am 7. Februar 1984 beschloß der Hamburger Senat deshalb, die Linienschifffahrt einzustellen.

Seitdem konzentriert sich die ALSTER-TOURISTIK, die ihre Flotte stetig modernisiert, erfolgreich auf Touristikfahrten. Die Kreuz-Fahrt bietet wie früher die Linienschifffahrt die Gelegenheit, unterwegs ein- und auszusteigen. Im Stundentakt schippern die Alsterdampfer wie damals vom Jungfernstieg zum Winterhuder Fährhaus von Anleger zu Anleger.

Mit Unterstützung der Versicherungsgruppe Volksfürsorge, die seit 16 Jahren die Alsterschifffahrt sponsert, ist es der ALSTER-TOURISTIK gelungen, dieses Markenzeichen Hamburgs nicht nur zu erhalten, sondern auszubauen und als festen Bestandteil des Stadtbildes zu sichern.

1.

Die Alster ist in Hamburg das
von aller Welt verehrte Nass.
Ein Fluss, ein See, der, recht bedacht,
aus Hamburg richtig Hamburg macht.

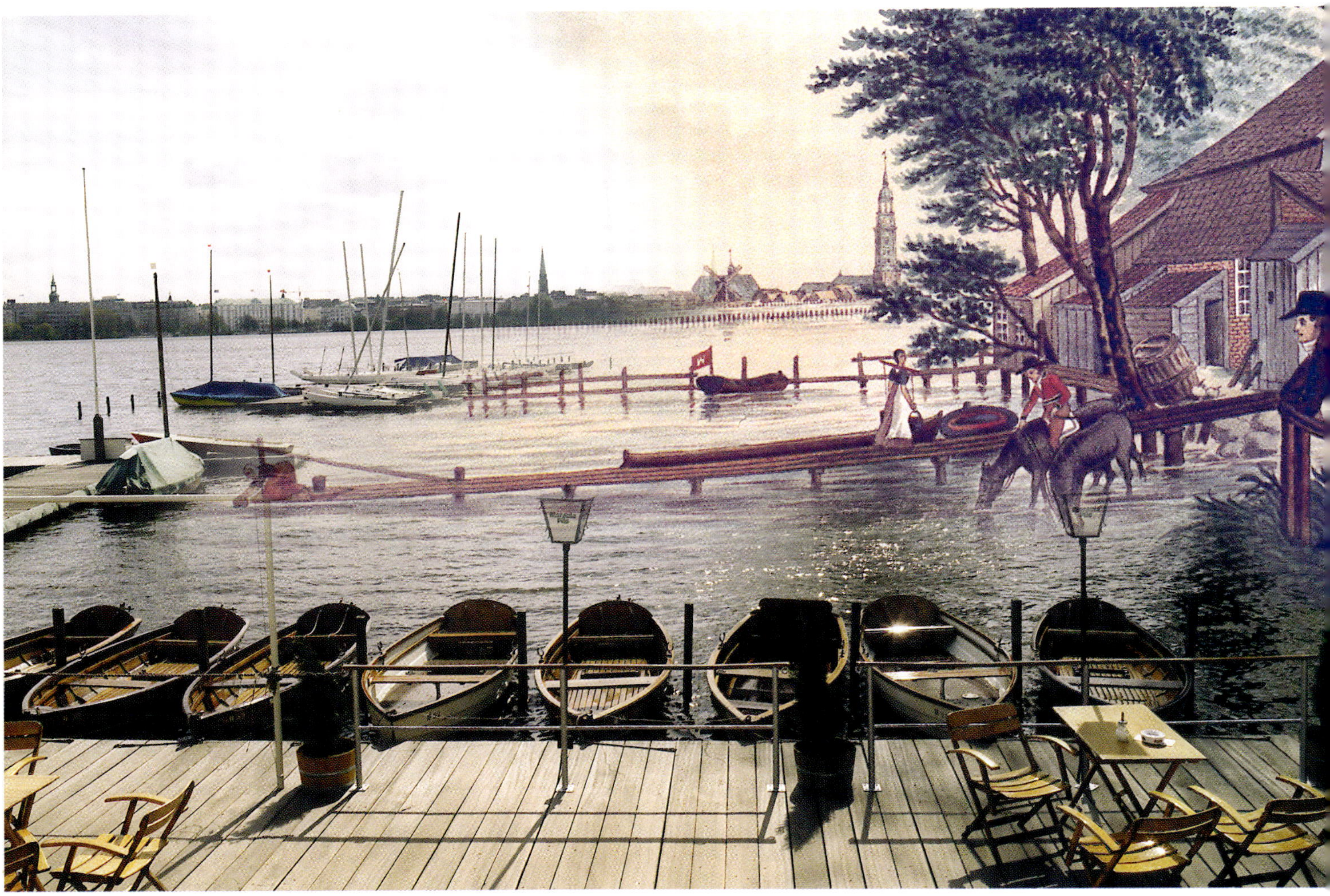

Blick von der Alten Rabe (heute: Bodos Bootssteg) auf Lombardsbrücke und Innenstadt, 1830 und 2000.

Der Hanseat, ob klein, ob groß,
lobt seine Stadt bedenkenlos.
Klingt's auch bisweilen übertrieben,
die Alster muss man wirklich lieben.

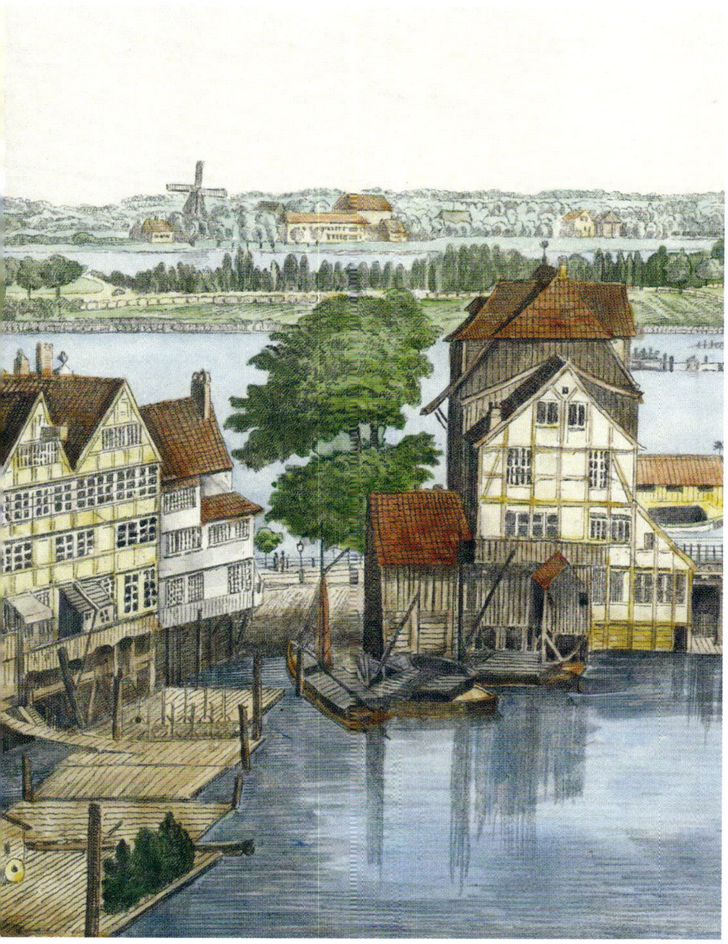

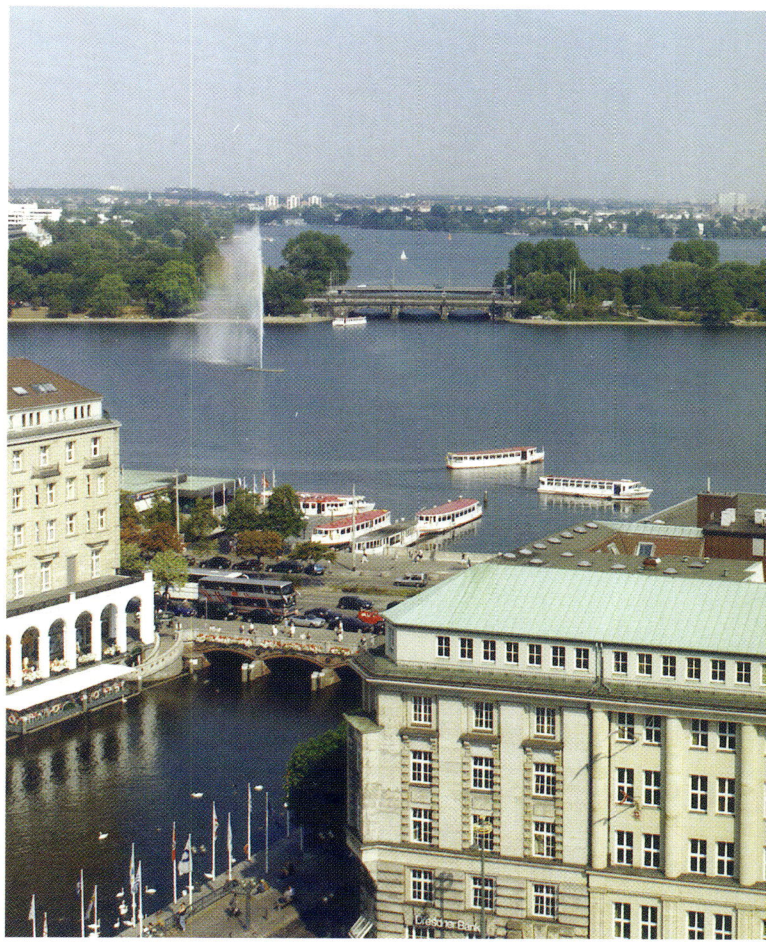

Blick auf Kleine Alster, Binnenalster und Außenalster, 1810 und 2000.

Wo gibt es sonst im Kern der Stadt
zwei Seen, vereint, von Schönheit satt,
ein Augenschmaus bei Tageslicht,
ein Zauber, wenn die Nacht anbricht!

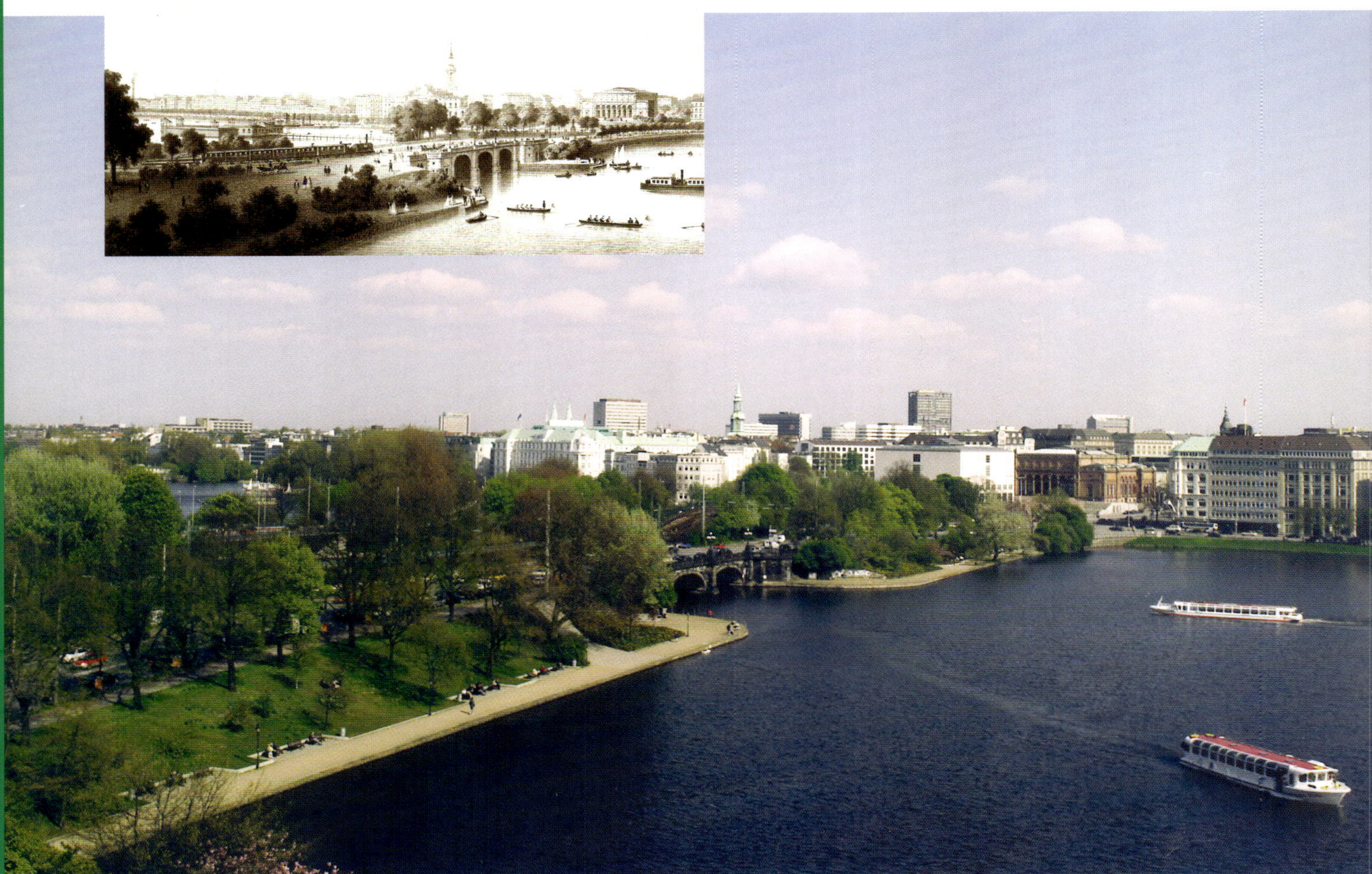

Blick von Südwesten auf Lombardsbrücke und St. Georg, 1860 und 2000.

Hier haben sich wie zum Beweise
versammelt Häuser erster Kreise,
Hotels und Banken, Luxusecken,
man könnte meinen, den Pfeffersäcken
gehört die Alster, doch ihr irrt –
sie ist längst demokratisiert.

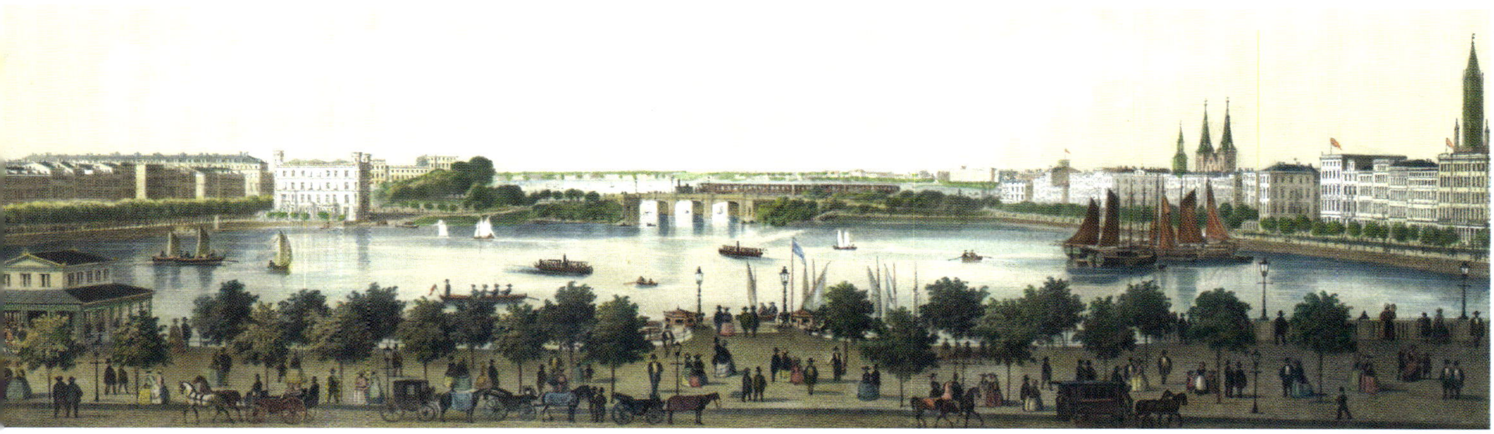

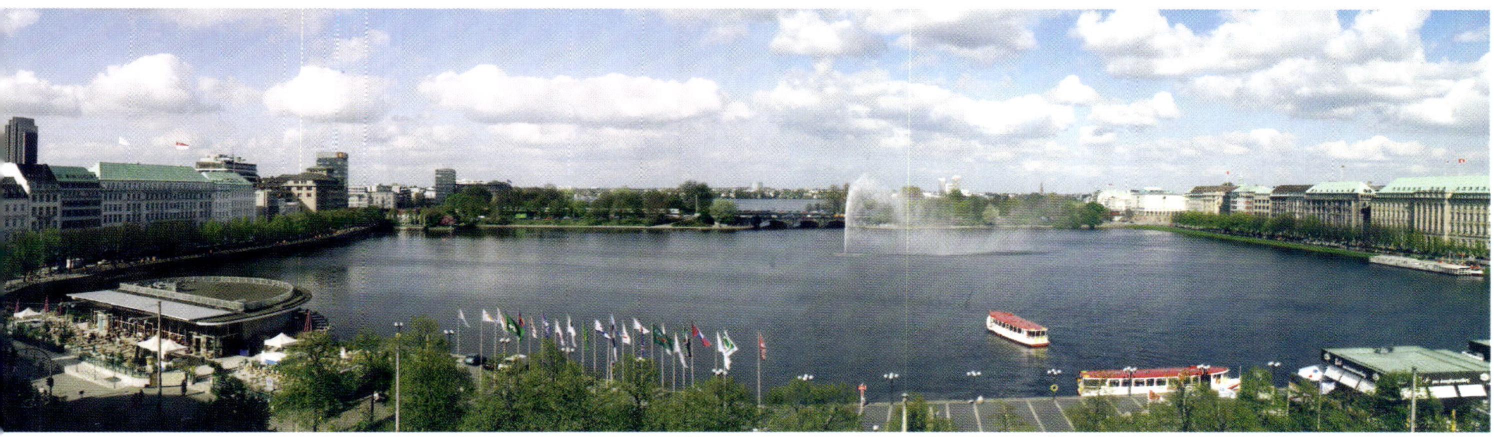

Blick auf das Bassin der Binnenalster, 1855 und 2000.

Die Binnenalster ist schon lange,
genauer: seit dem Großen Brande,
dem Volk ein Platz zum Verlustier'n,
zum Rudern, Klönen, Amüsier'n.

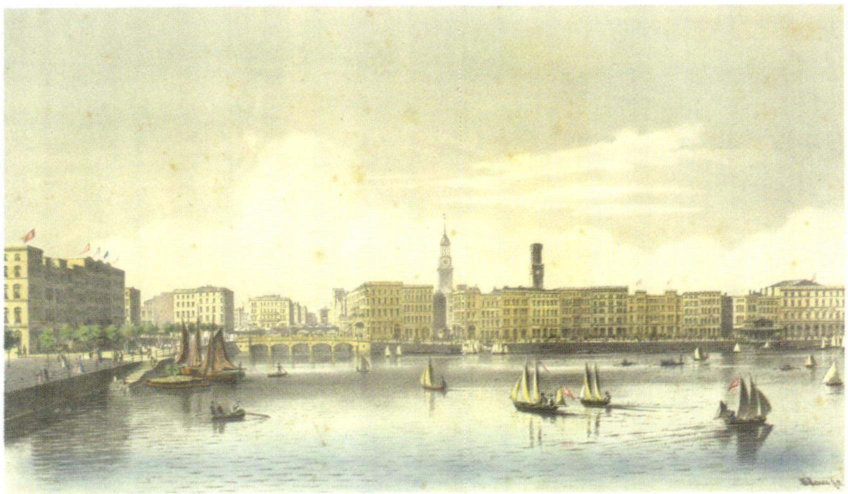

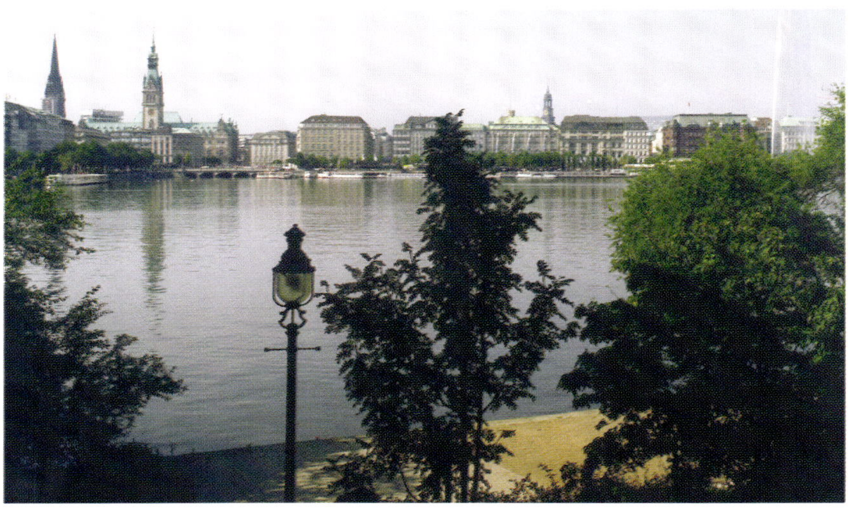

Blick von der Lombardsbrücke auf Binnenalster und Jungfernstieg, 1860 und 2000.

Die äuß'ren Alsterufer waren
noch ganz privat vor fünfzig Jahren,
doch heut' kann der gemeine Mann
auch dort an jedes Ufer ran.

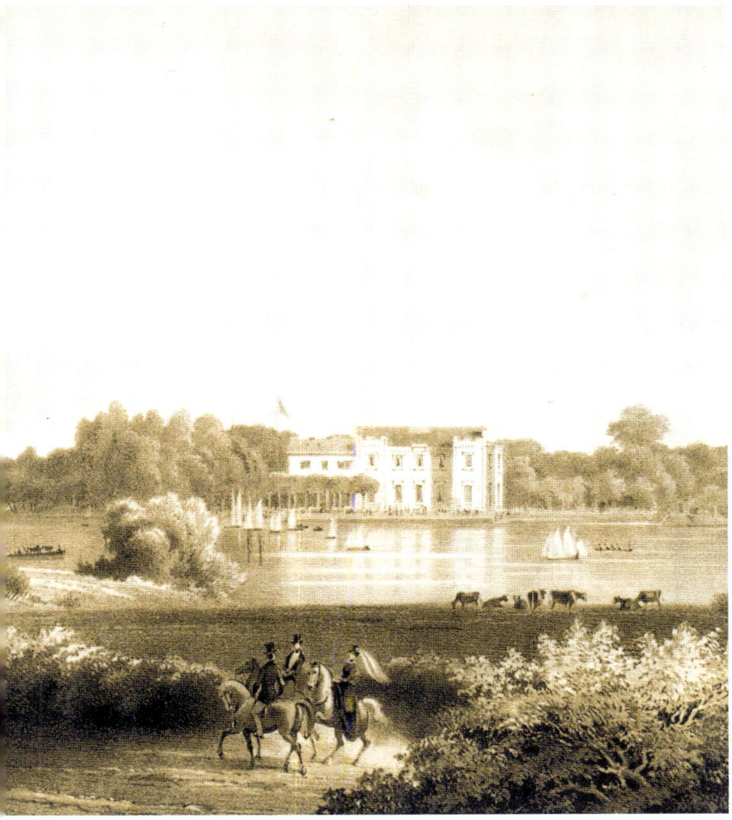

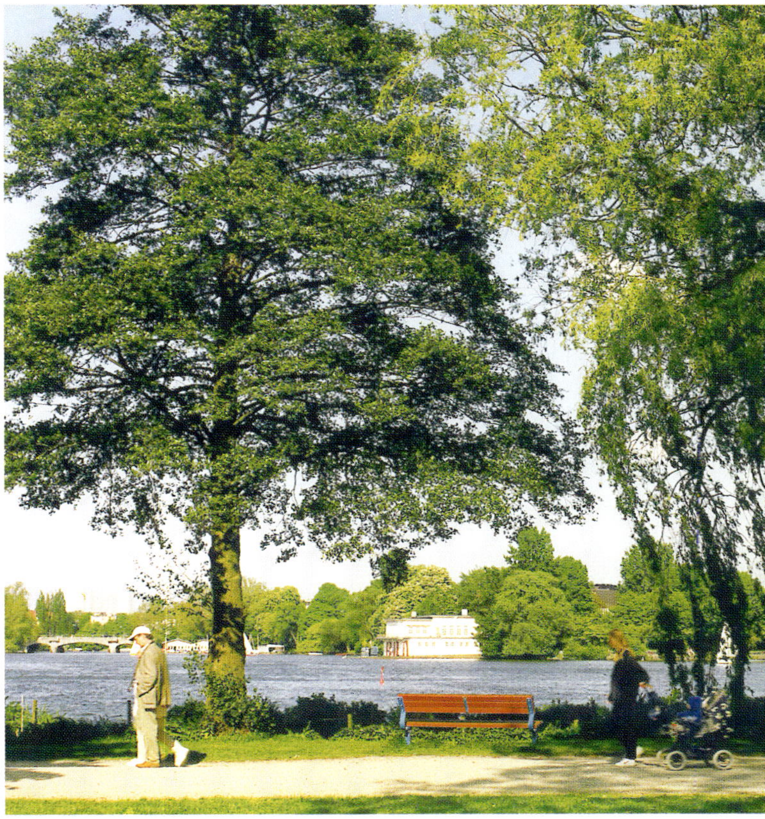

Blick von Harvestehude auf Langenzug und Uhlenhorst, 1870 und 2000.

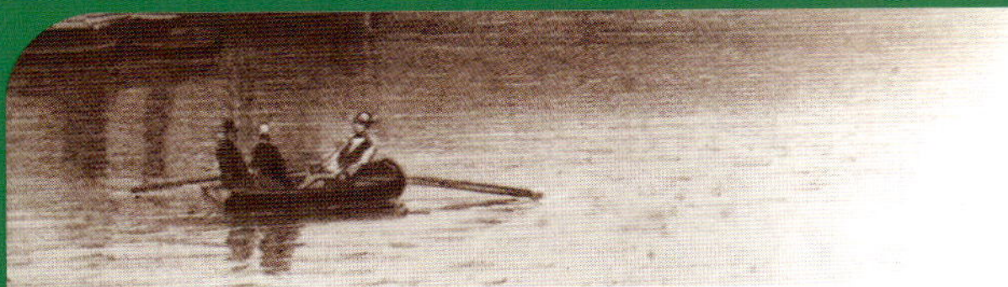

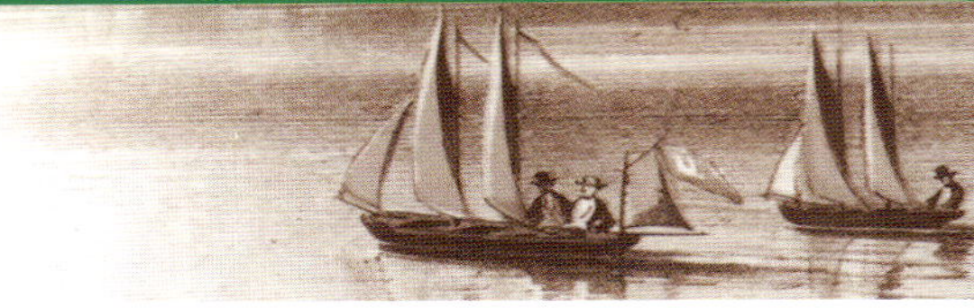

Zu danken ist es dem Max Brauer,
dem Bürgermeister – noch genauer:
dem Kämpfer für Egalité.
Er nahm das Land dem Privatier.
Nun sitzt das ganze Publikum
voll Dankbarkeit im Park herum.

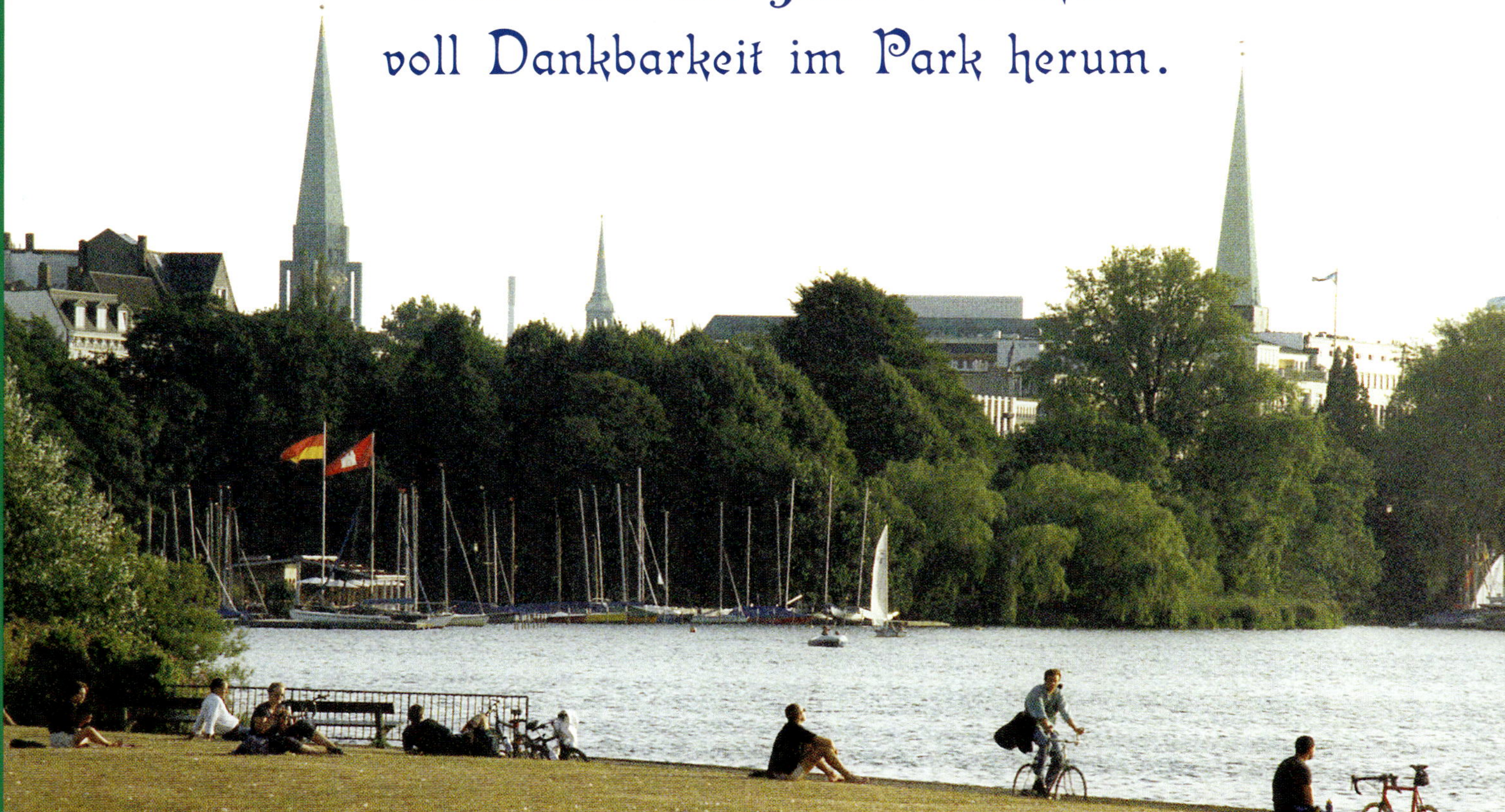

Alstervorland in Uhlenhorst. Genau wie in Winterhuc
und Harvestehude ist es heute für alle zugänglic

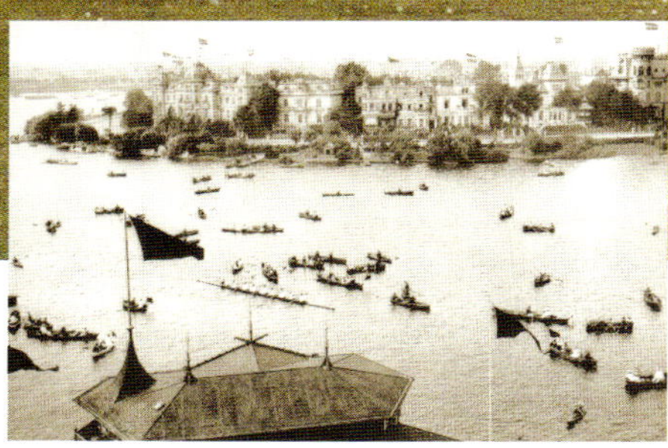

Blick auf die Bellevue. Die Vorgärten
waren noch bis 1970 in Privatbesitz.

2.

Die Alster ist an sich recht kurz
und unscheinbar, beinah' ein Furz,
denkt man ans breite Elbebett –
sie macht's durch ihre Schönheit wett.

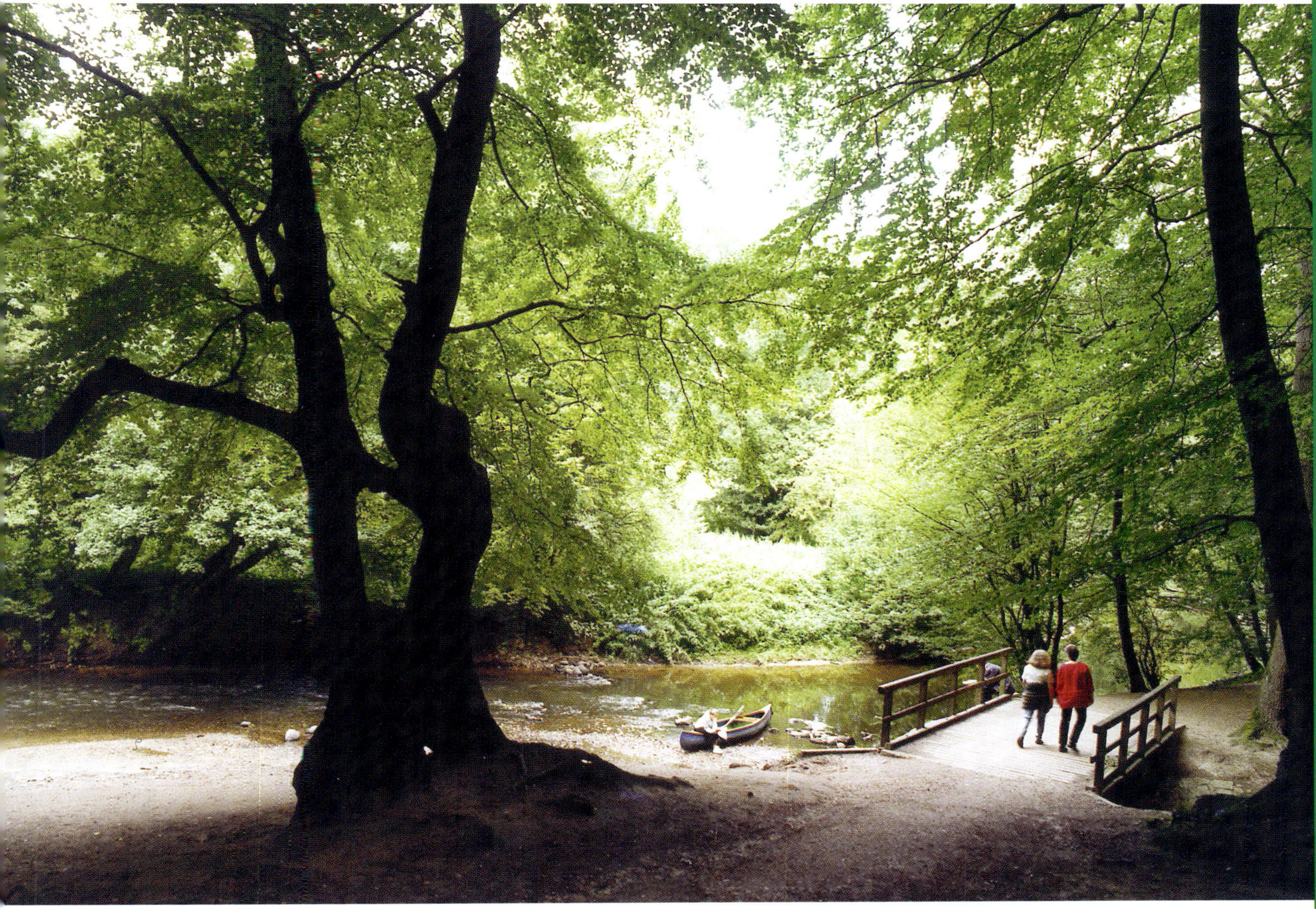

as Alstertal Höhe Wellingsbüttel, Blick von Osten (2000).

Geboren wurd' sie, als das Eis
der letzten Gletscher schmolz und leis'
zum Elbtal abfloss. Da entstand
das Alstermärchenwunderland.

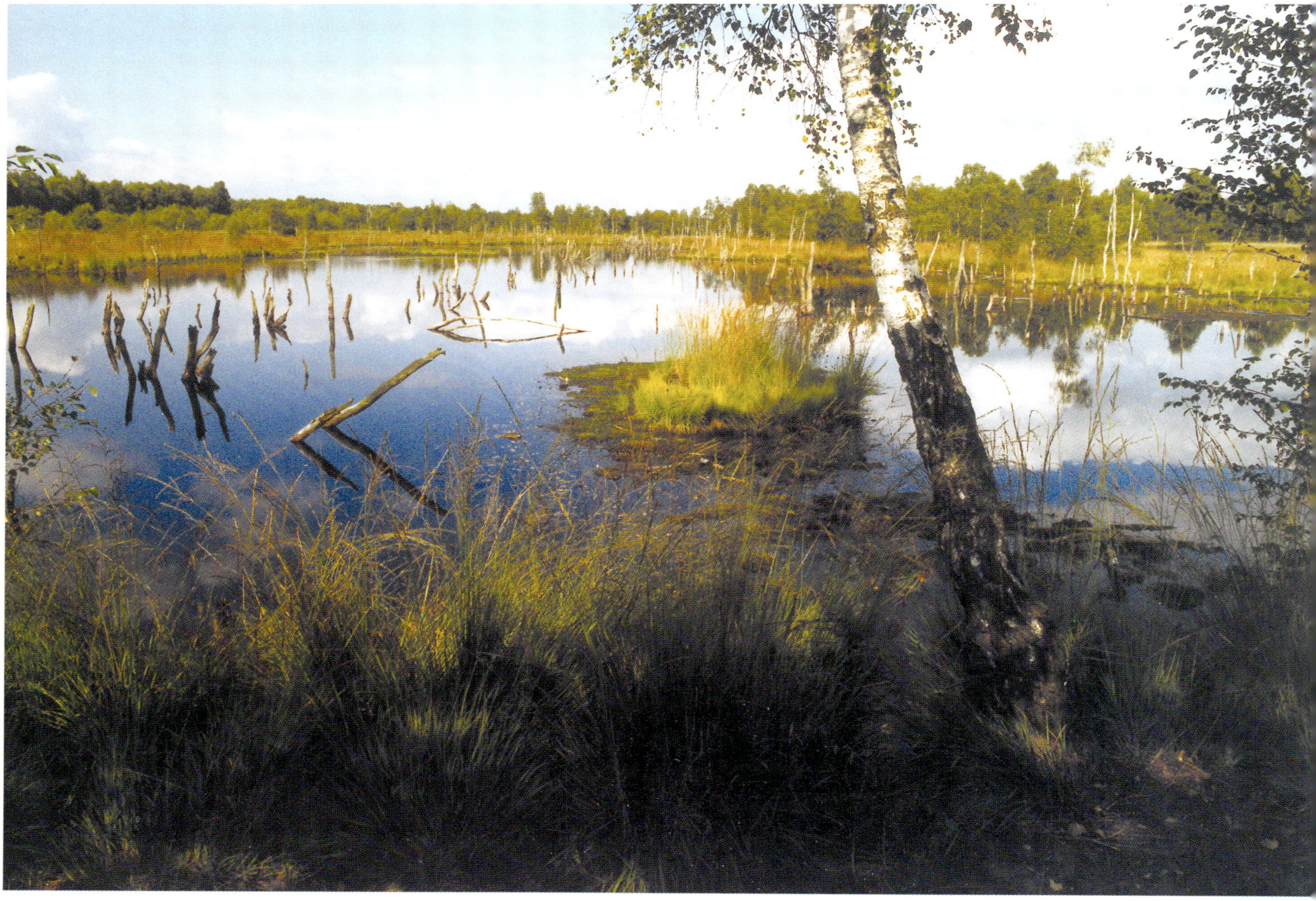

Blick von Süden auf das Wittmoor. Das Wittmoor, das bis vor 30 Jahren abgetorft wurde, regeneriert sich wieder. Es entwässert in die Mellingbek, die oberhalb von Poppenbüttel in die Alster mündet.

Am Anfang ist sie zaghaft, schmal,
ein kleiner Bach, der allemal
den Kühen, rotbraun und schwarz-weiß,
den Durst bestens zu stillen weiß.

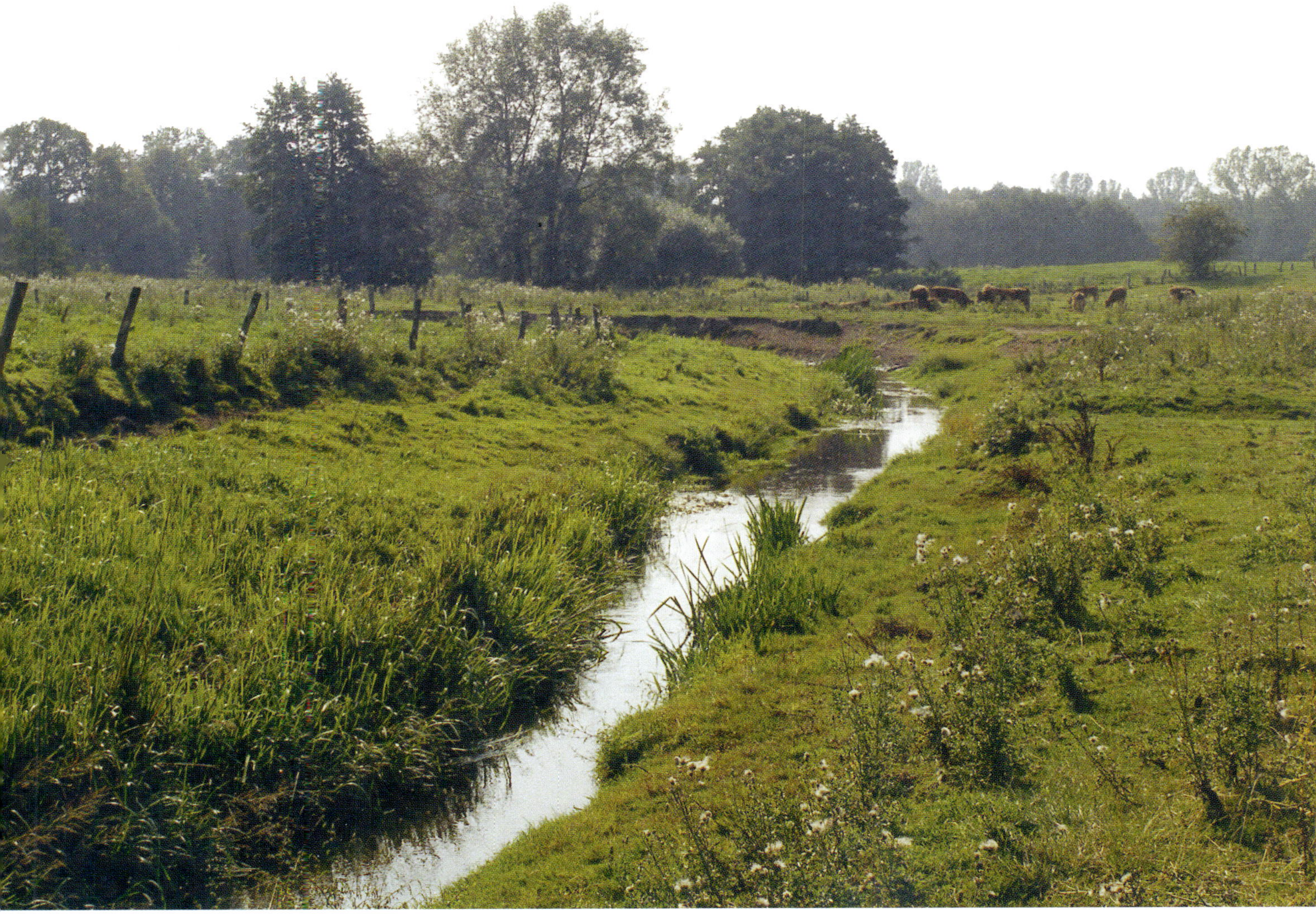

Blick von Norden auf die Alster bei Bargfeld-Stegen, etwa acht Kilometer unterhalb der Quelle.

Doch, kaum auf Hamburger Terrain,
gewinnt sie Fahrt, und souverän
tanzt sie, gespeist aus weit'ren Quellen,
durchs Urstromtal auf heit'ren Wellen.

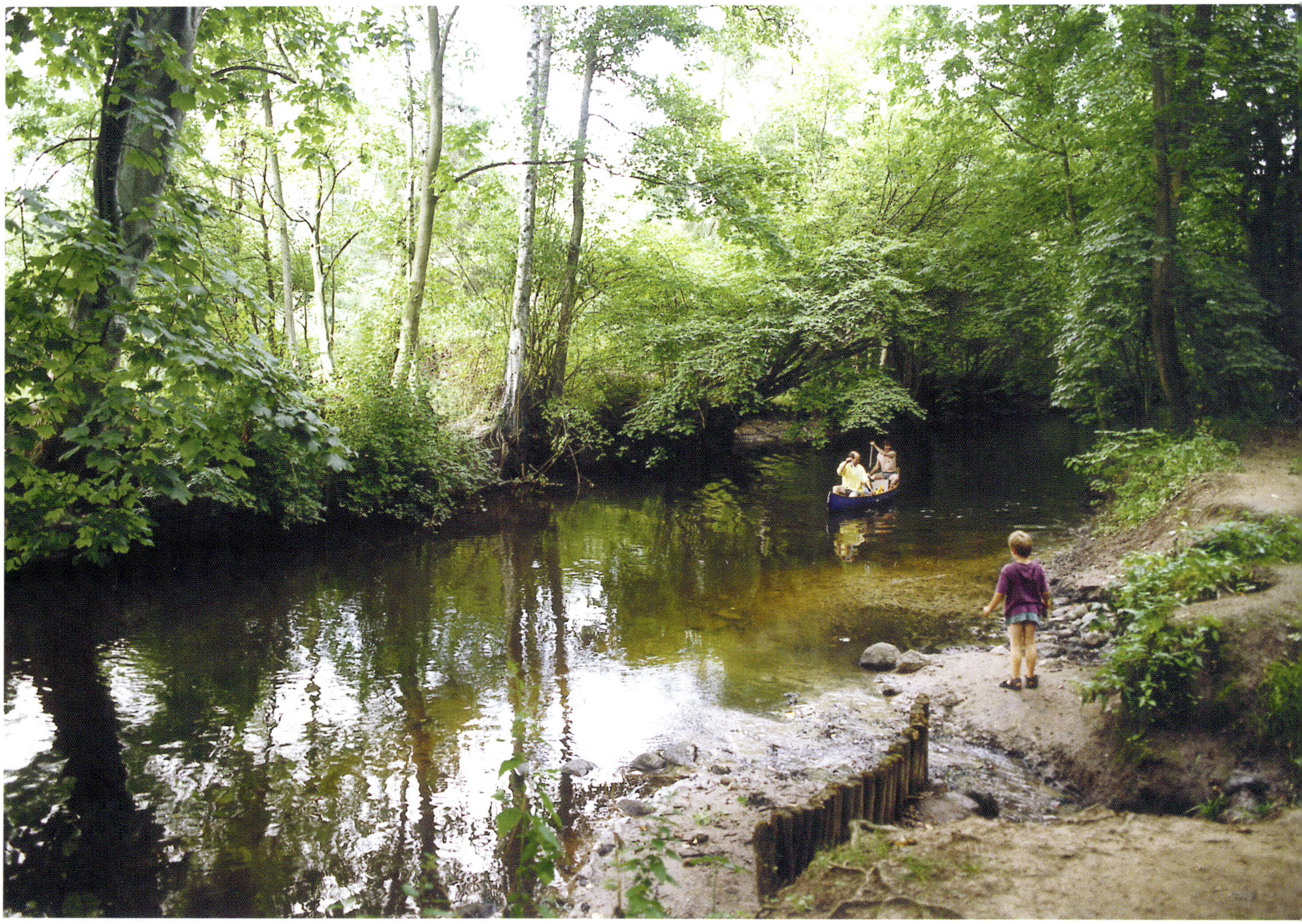

Blick von Süden auf die Oberalster bei Wellingsbüttel, 2000

Bis Ohlsdorf fließt sie ungezähmt,
von dort an im Kanal bequem,
behäbig bis zum Alsterbecken,
einst aufgestaut zu Mühlenzwecken.

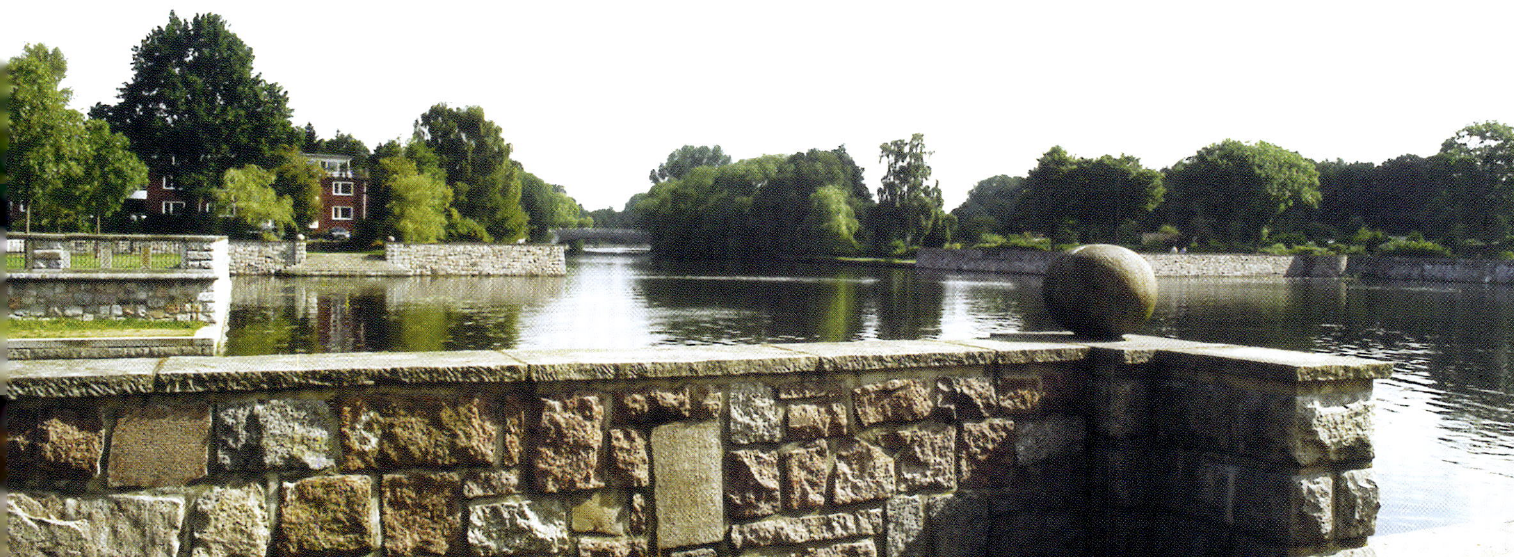

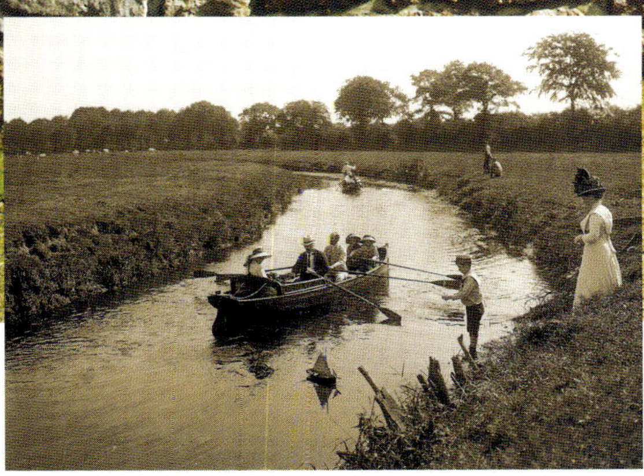

Die noch nicht kanalisierte Alster
bei Alsterdorf um 1890.

Der gleiche Ort im Jahr 2000.

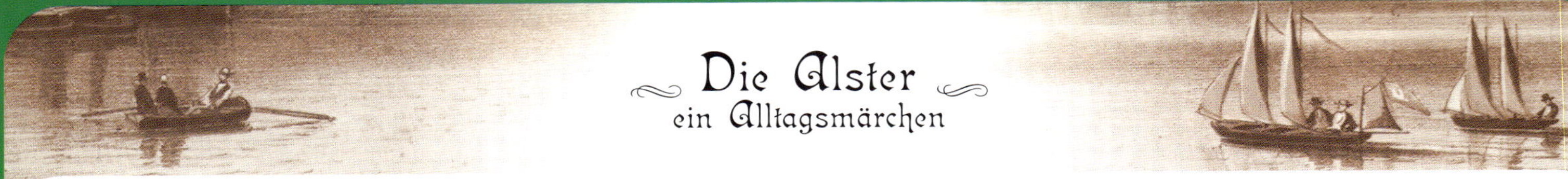

Ums Jahr 1200 nämlich hat
ein weiser Rat (heut': der Senat)
'nen Mühlenwall dort angehäuft,
wo heut' der Jungfernstieg verläuft.

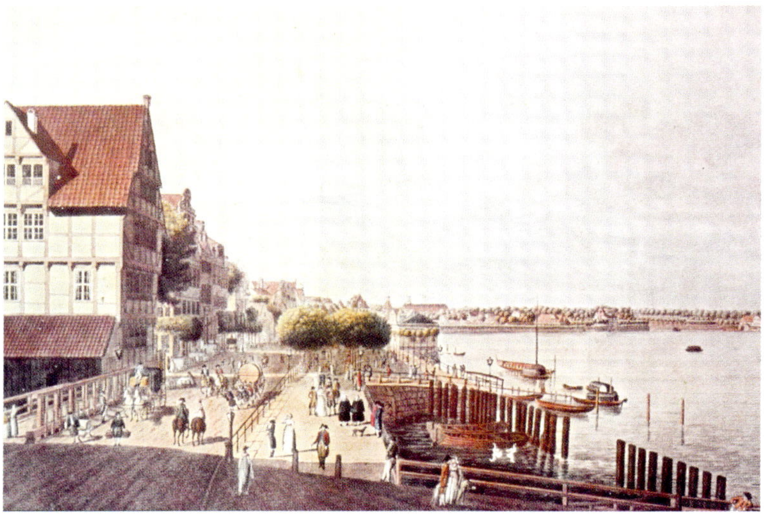

Der Jungfernstieg von Osten gesehen um 1830.

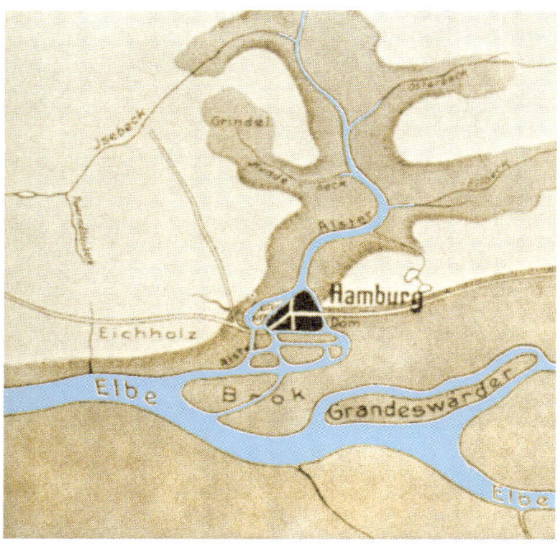

Die ungestaute Alster um 1150.

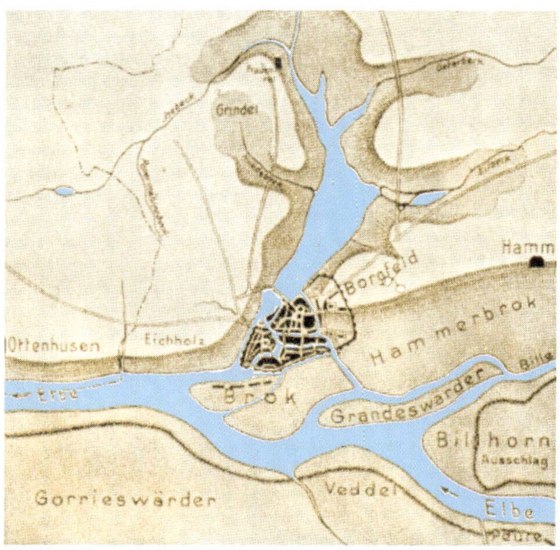

Der erste Alsterstau um 1220.

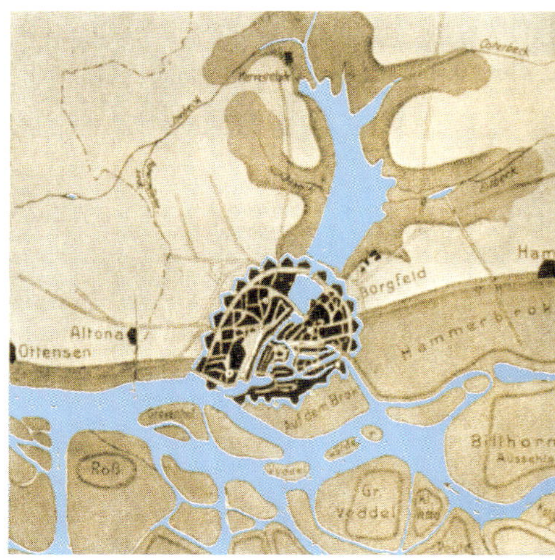

Außen- und Binnenalster um 1750.

Der Alstersee in seiner Pracht
war also ursprünglich gedacht
als simpler Teich und nicht wie jetzt
als Alltagsmärchen, das ergötzt.

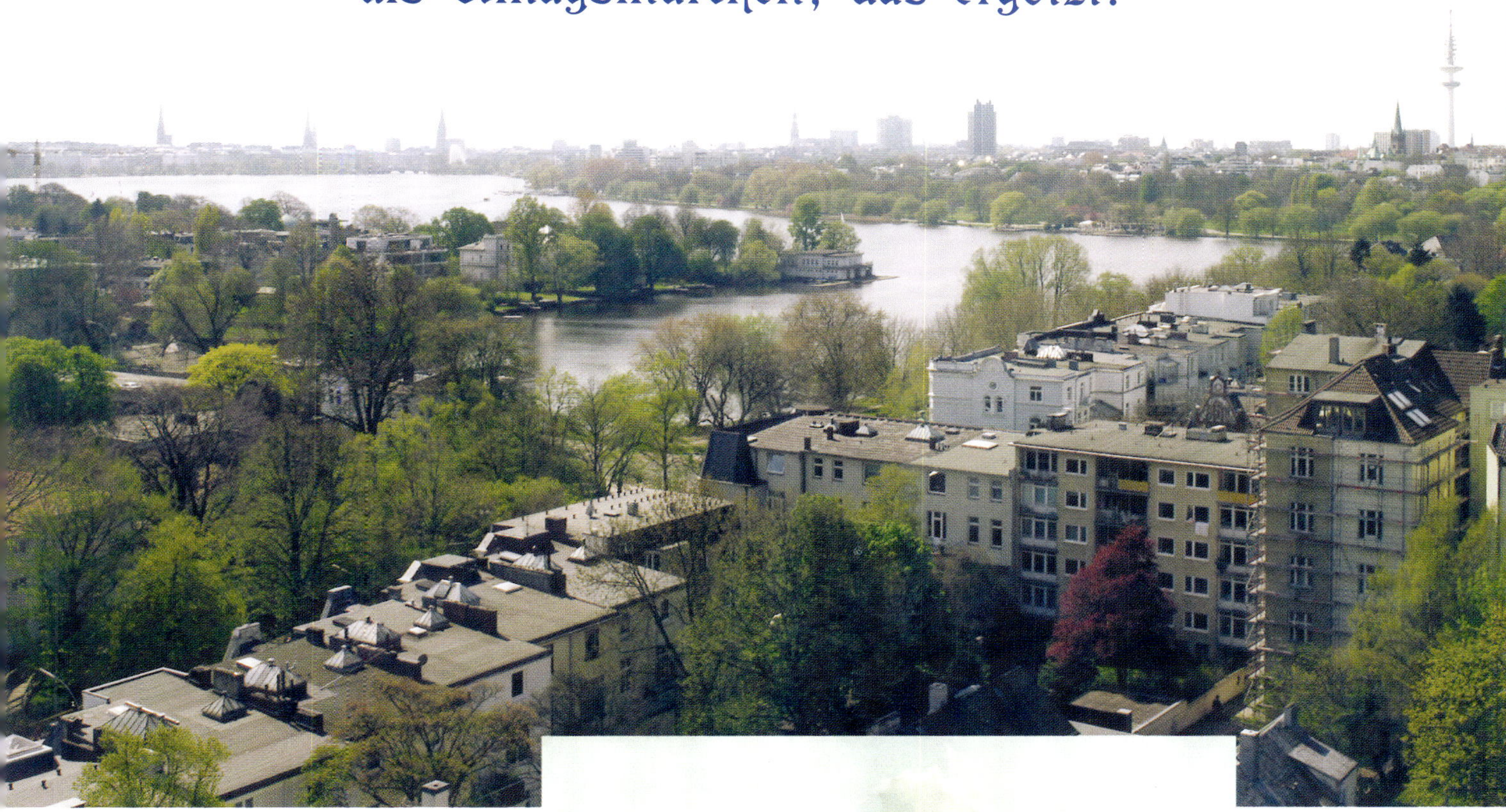

ick über die Bellevue und den Langenzug auf
as Uhlenhorster und Harvestehucer Ufer und
e Innenstadt, 1860 und 2000.

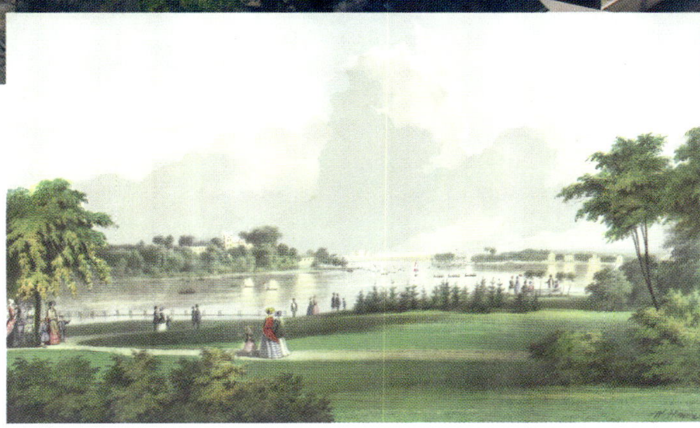

Dies klingt bekannt, das kenn ich schon,
das hat in Hamburg Tradition:
dass man an eig'nen Nutzen denkt
und nebenbei die Stadt beschenkt.

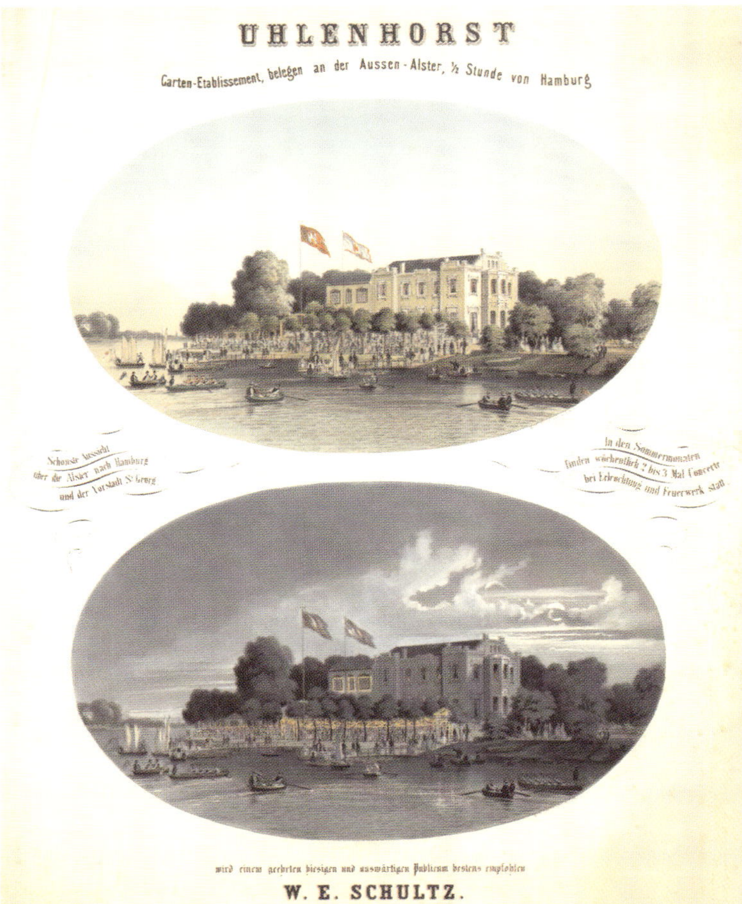

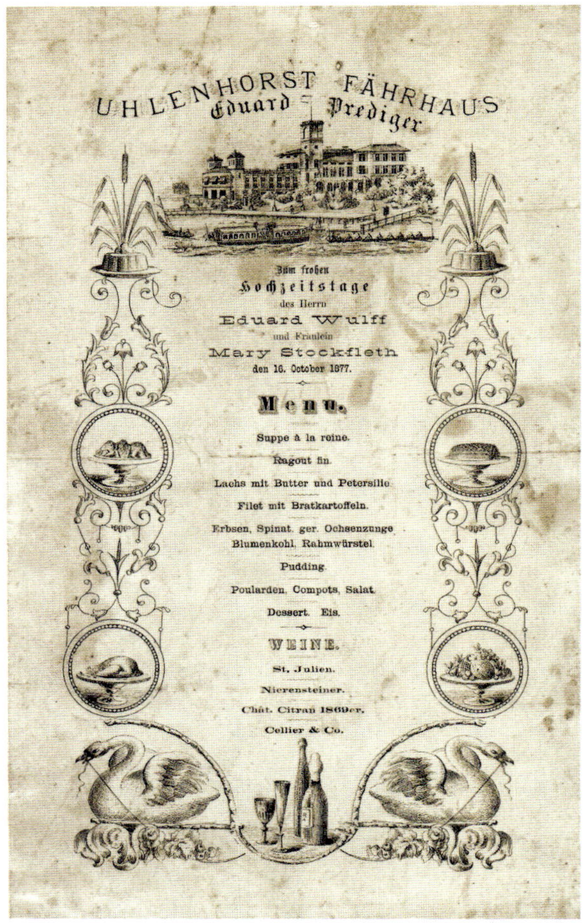
UHLENHORST FÄHRHAUS
Eduard Prediger

Zum frohen
Hochzeitstage
des Herrn
Eduard Wulff
und Fräulein
Mary Stockfleth
den 16. October 1877.

Menu.

Suppe à la reine.
Ragout fin.
Lachs mit Butter und Petersilie.
Filet mit Bratkartoffeln.
Erbsen, Spinat, ger. Ochsenzunge
Blumenkohl, Rahmwürstel.
Pudding.
Poularden, Compots, Salat.
Dessert. Eis.

WEINE.

St. Julien.
Nierensteiner.
Chât. Citran 1869er.
Cellier & Co.

Das 1873 erbaute Uhlenhorster Fährhaus war das beliebteste Ausflugslokal Hamburgs, mit Restauration, Musik und Bootsverleih. Es wurde 1943 durch Bomben stark beschädigt und 1952 endgültig abgerissen.

3.

Wo Alster trifft auf Isebek
nennt man die Alster "Alsterstreek".
Der Uferweg verläuft schnurgrad,
wir nennen ihn den Lein(en)pfad.

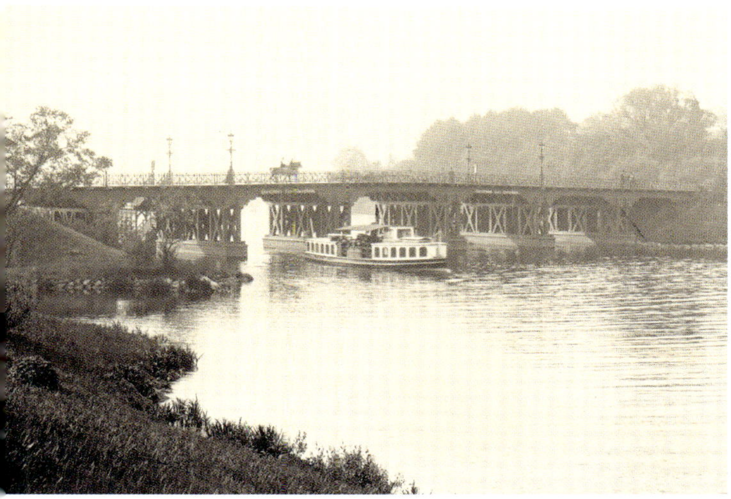

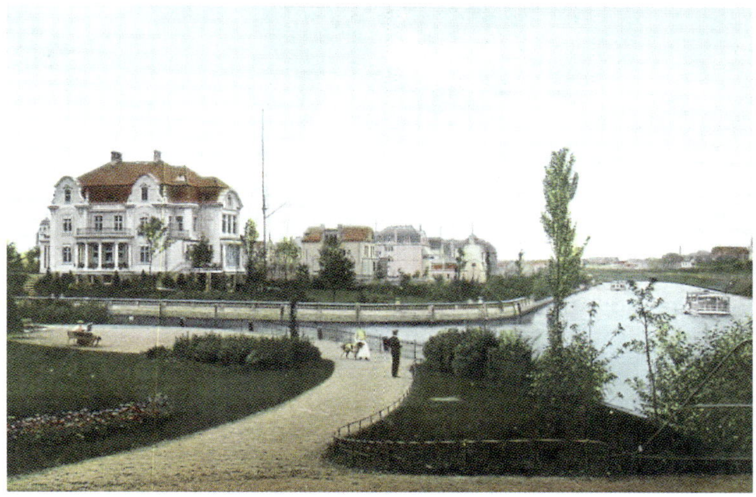

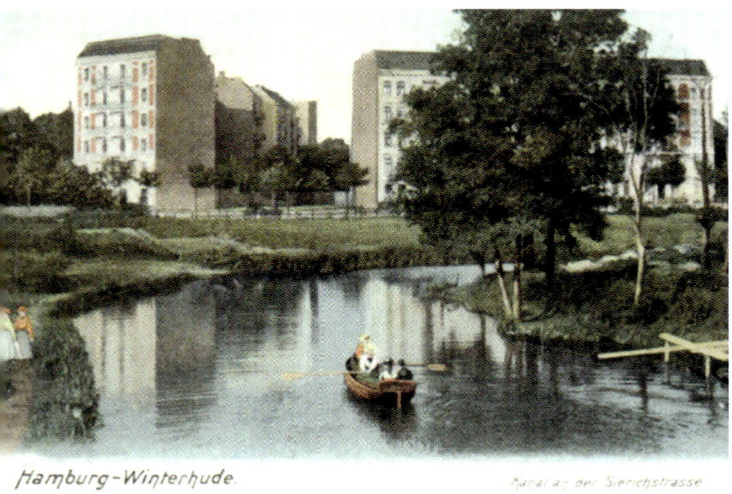

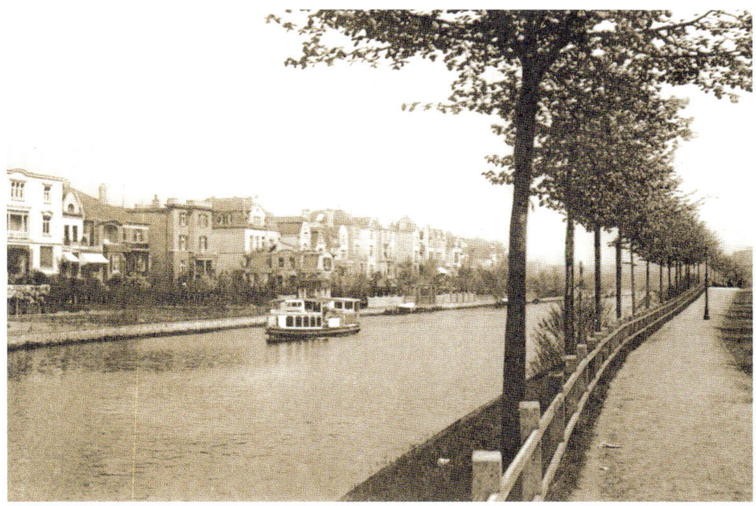

Der Leinpfad beginnt an der Krugkoppelbrücke (oben links, 1894), führt an der Mündung der Isebek vorbei (oben rechts, 1905), verläuft dann parallel zur Heilwigstraße (Rückseite der Häuser der Heilwigstraße auf der Aufnahme unten links, um 1900) und zieht sich bis Winterhude. Unten rechts Blick in einen Seitenarm, im Hintergrund Häuser der Sierichstraße (1906).

Dort zog man einst - oft waren's Frauen -
Kähne flussauf an langen Tauen.
Dies "Treideln" war zwar Mühsal pur,
doch Flüsse fließen abwärts nur.

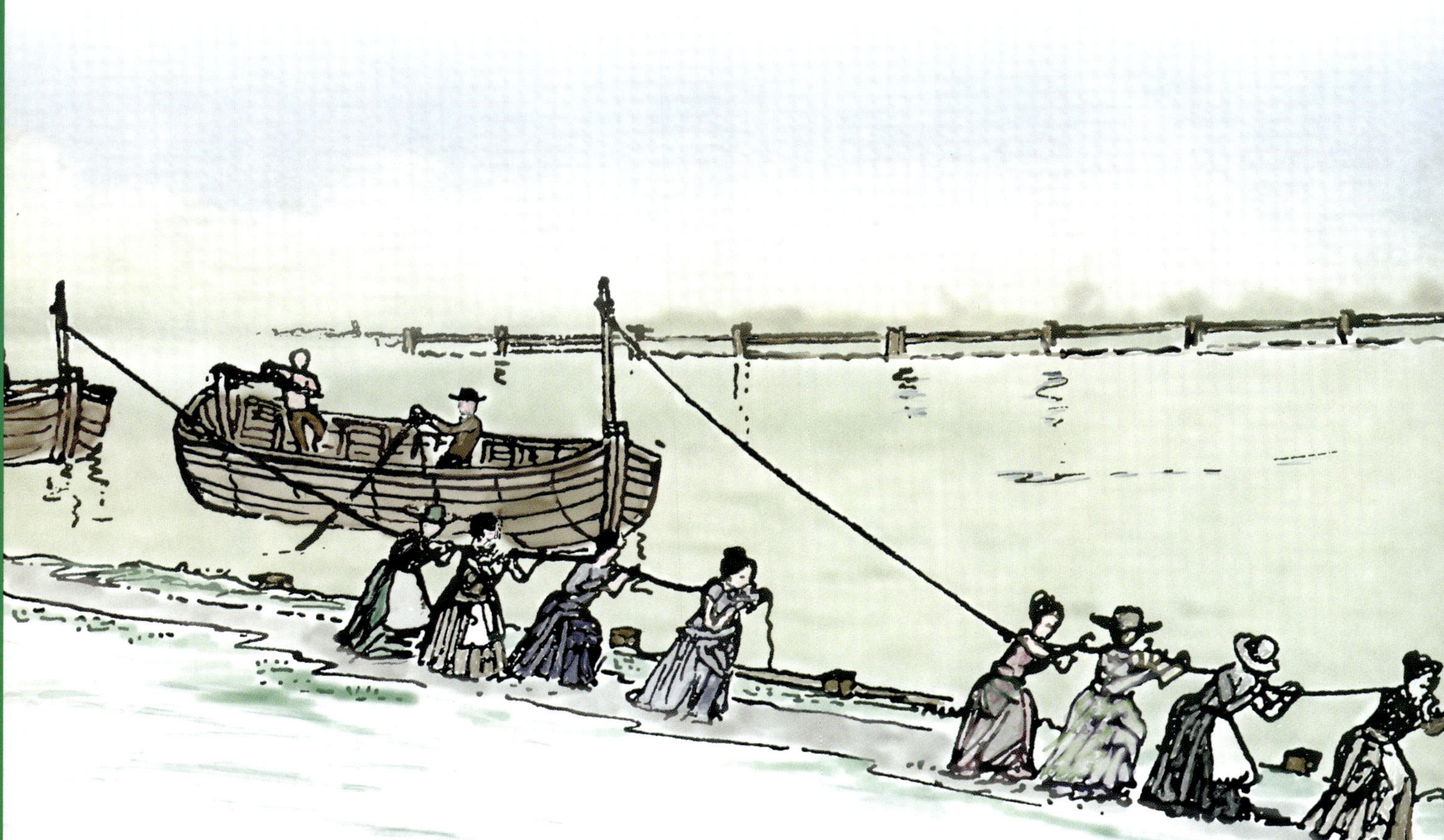

Treidelnde Frauen am Leinpfad, kolorierte Strichzeichnung von S. Pederse

Am ganzen langen Alstersaum
stand früher nicht ein einz'ger Baum
bis weit hinauf nach Bargfeld-Stegen.
Ihr ahnt: Es war des Treidelns wegen.

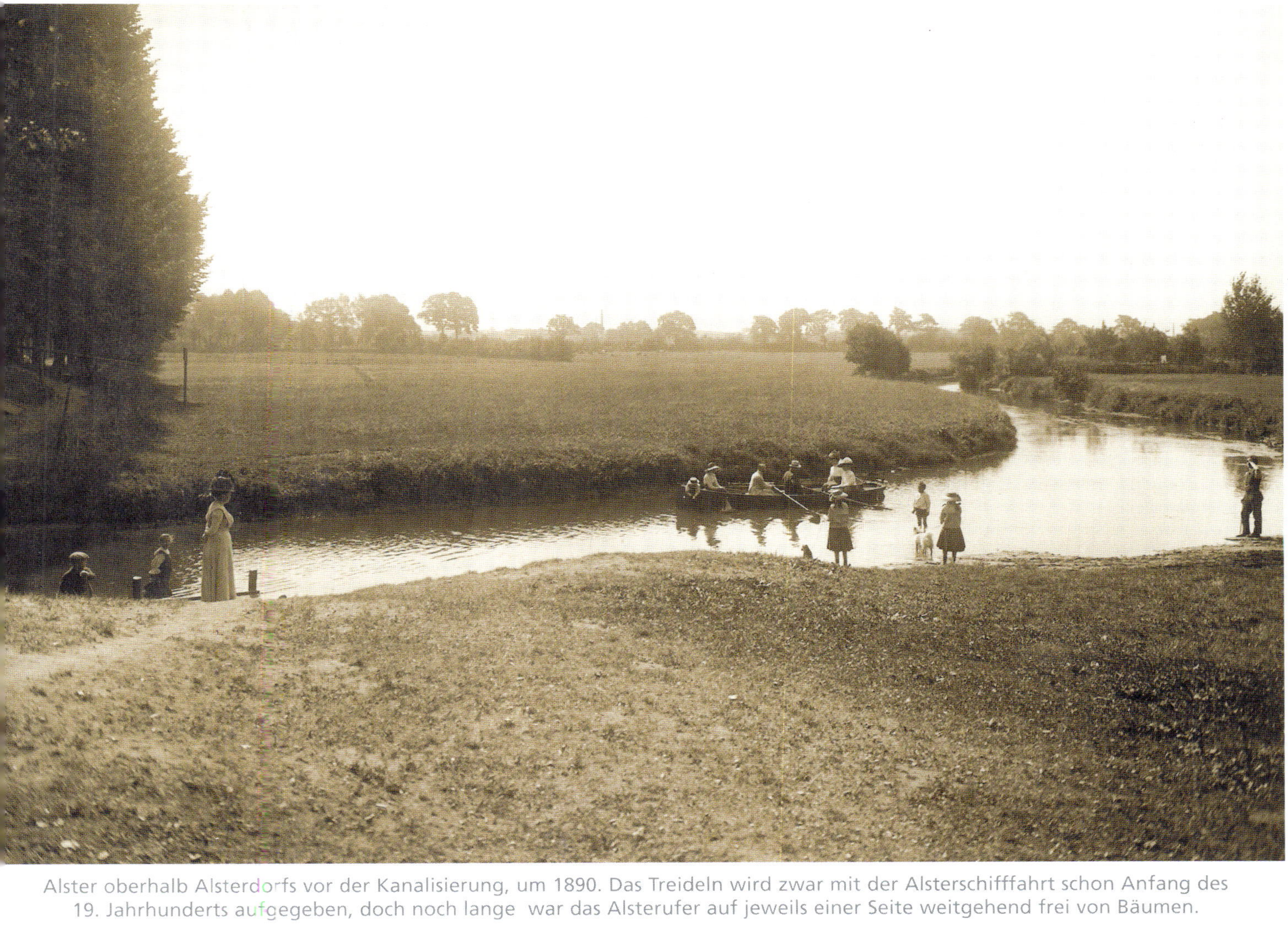

Alster oberhalb Alsterdorfs vor der Kanalisierung, um 1890. Das Treideln wird zwar mit der Alsterschifffahrt schon Anfang des 19. Jahrhunderts aufgegeben, doch noch lange war das Alsterufer auf jeweils einer Seite weitgehend frei von Bäumen.

Die Alster war in früh'ren Jahren
von Frachtkähnen sehr stark befahren,
da Landtransport recht teuer war
und außerdem voller Gefahr.

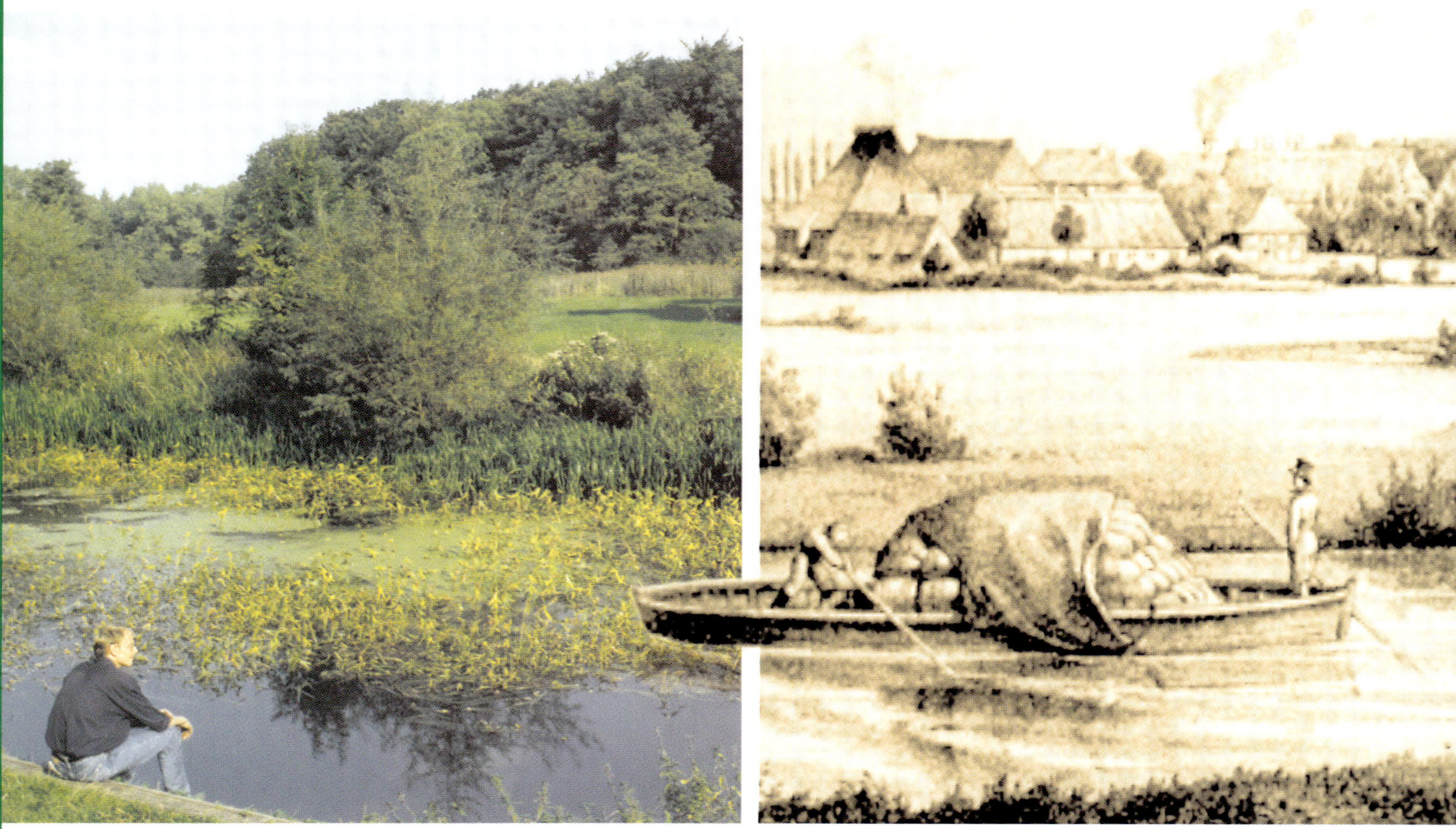

Alsterschute bei Wulksfelde um 1850.
Ansicht an der gleichen Stelle im Jahr 2000.

Ein großer Plan, der scheitern musst',
war da der kühne Ratsbeschluss,
das Alster- und das Travetal
zu einen durch 'nen Querkanal.

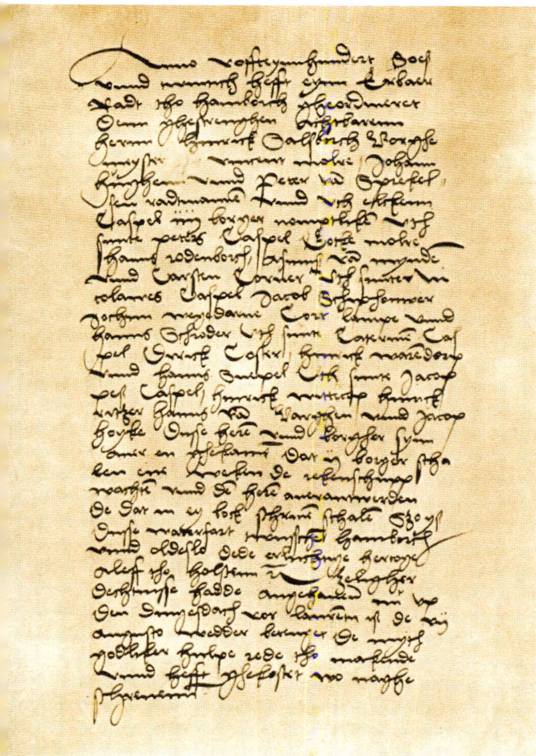

ıszug aus dem Rechenschaftsbuch von 1524.
ːr Kanal wurde schon nach kurzem durch
assermangel und einstürzende Ufer
brauchbar.

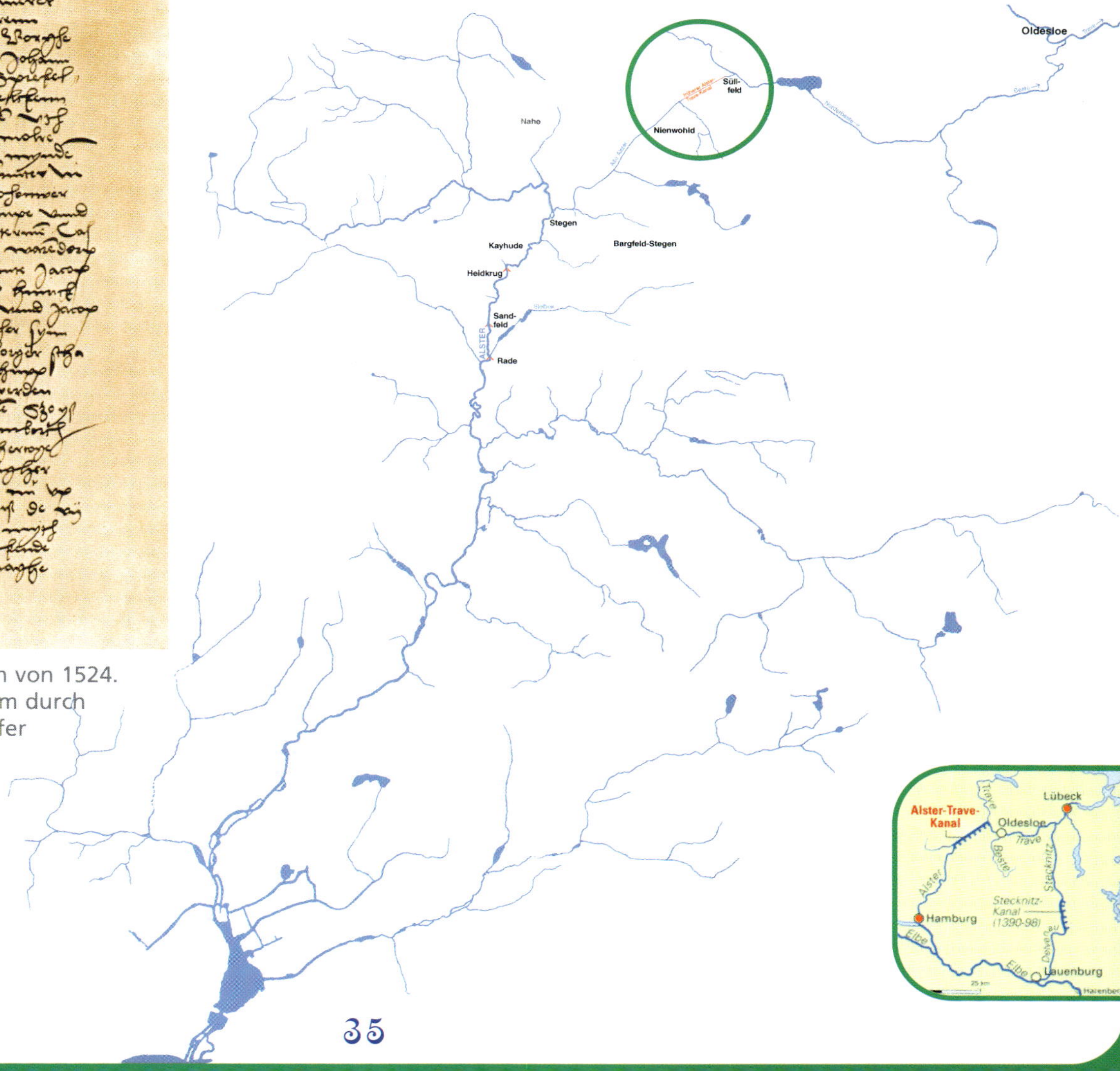

Das große Werk wollt' nicht gelingen,
zu groß war der Probleme Zahl,
zu lang der Weg von Tal zu Tal -
man konnt' ihn einfach nicht bezwingen.

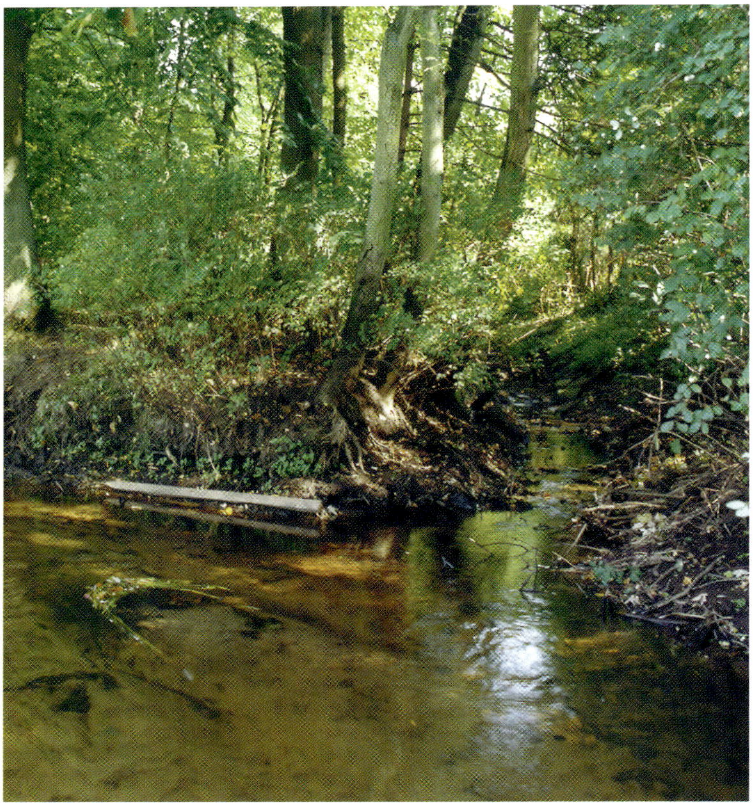

Die Einmündung des ehemaligen Alster-Trave-Kanals in die Oberalster oberhalb von Stegen.

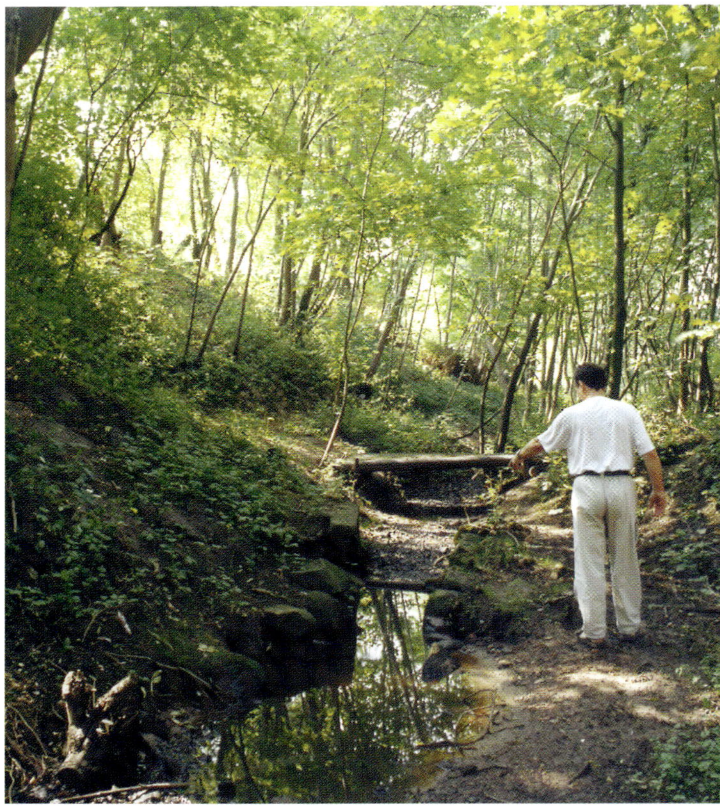

Überreste des Alster-Trave-Kanals im Garten des Pastorats von Süllfeld.

Doch trotzdem wuchs der Schiffsverkehr
viel' hundert Jahre mehr und mehr,
allein: Die Schifffahrt endet' dann
durchs Aufkommen der Eisenbahn.

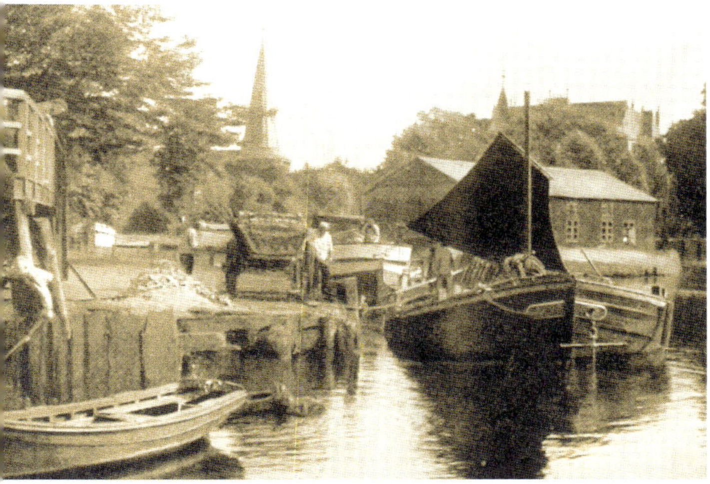

Alsterkähne am Winterhuder Kai. Im Hintergrund die Eppendorfer Kirche, 1906. Blick von Norden.

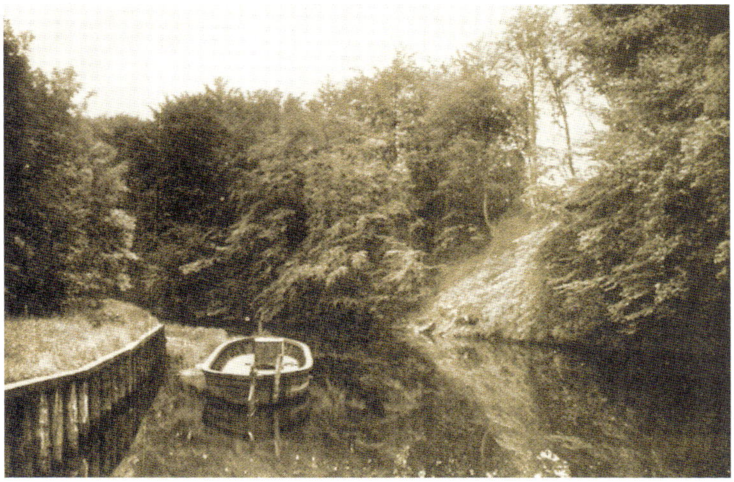

Letzte Alsterschute oberhalb Mellingburger Schleuse, 1926. Blick flussaufwärts.

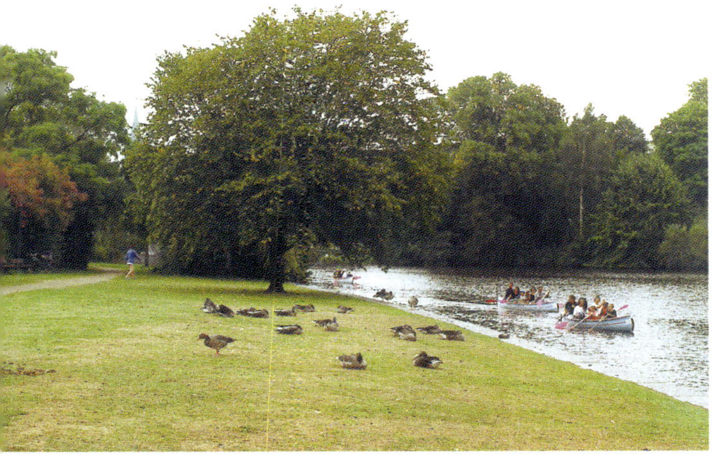

Winterhuder Kai, 2000. Blick von Norden.

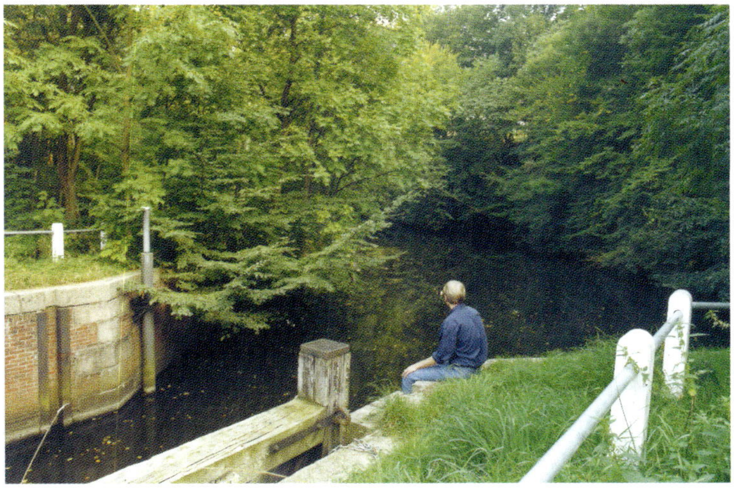

Mellingburger Schleuse, 2000. Blick flussaufwärts.

Die Alster, sie gehört seitdem
dem stolzen Freizeitkapitän,
zudem der weißen Alsterflotte,
die dienet dem Tourismusgotte.

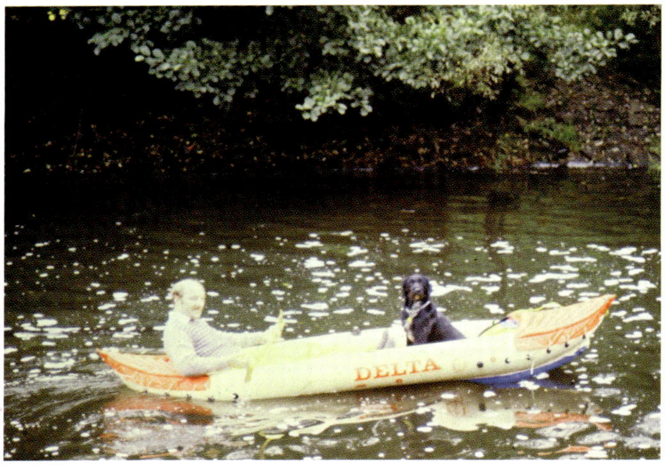

Alltagsidylle unterhalb der Poppenbüttler Schleuse, 1984.

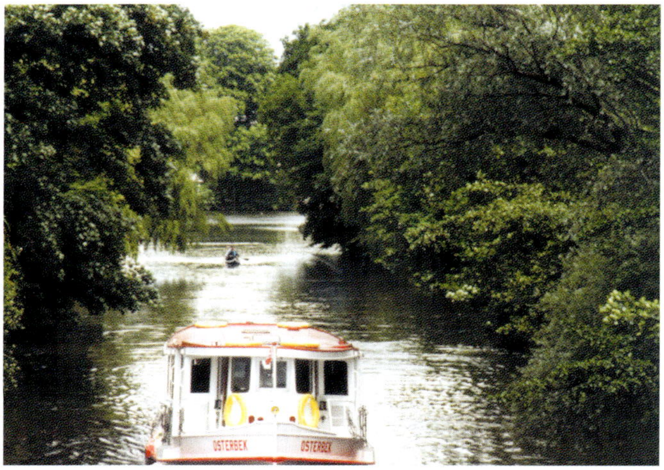

Schiff der weißen Alsterflotte im Goldbekkanal, 2000.

4.

Als Alsterwasser kennen wir
'ne Brause, hell gemischt mit Bier,
Champagner für den kleinen Mann,
der Durst phantastisch stillen kann.

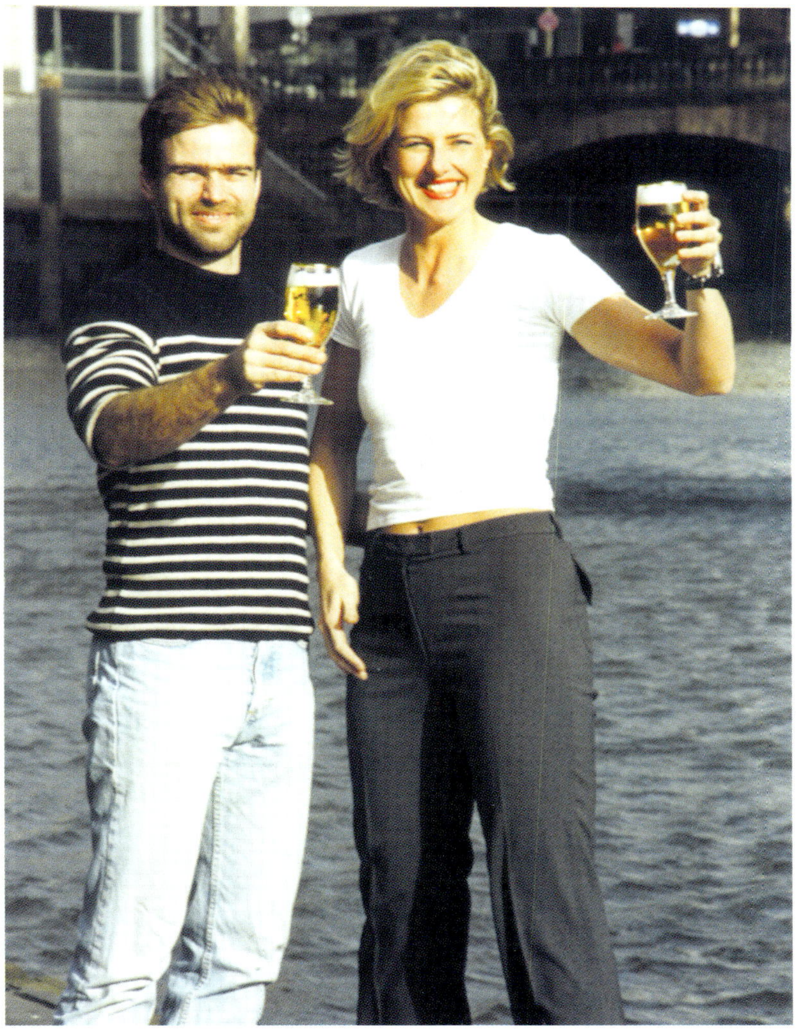

Auf dem Ponton vor dem Haus der Bretagne im Nicolaifleet,
der ursprünglichen Alstermündung, 2000.

Als Hamburg völlig abgebrannt,
nutzt' auch kein Alsterwasser,
wie'n Pudel, der halb geschoren ist,
sah Hamburg aus, und krasser
als andere sprach einer da:
"Hört endlich auf zu flennen,
Troja war 'ne bess're Stadt
und musste doch verbrennen."

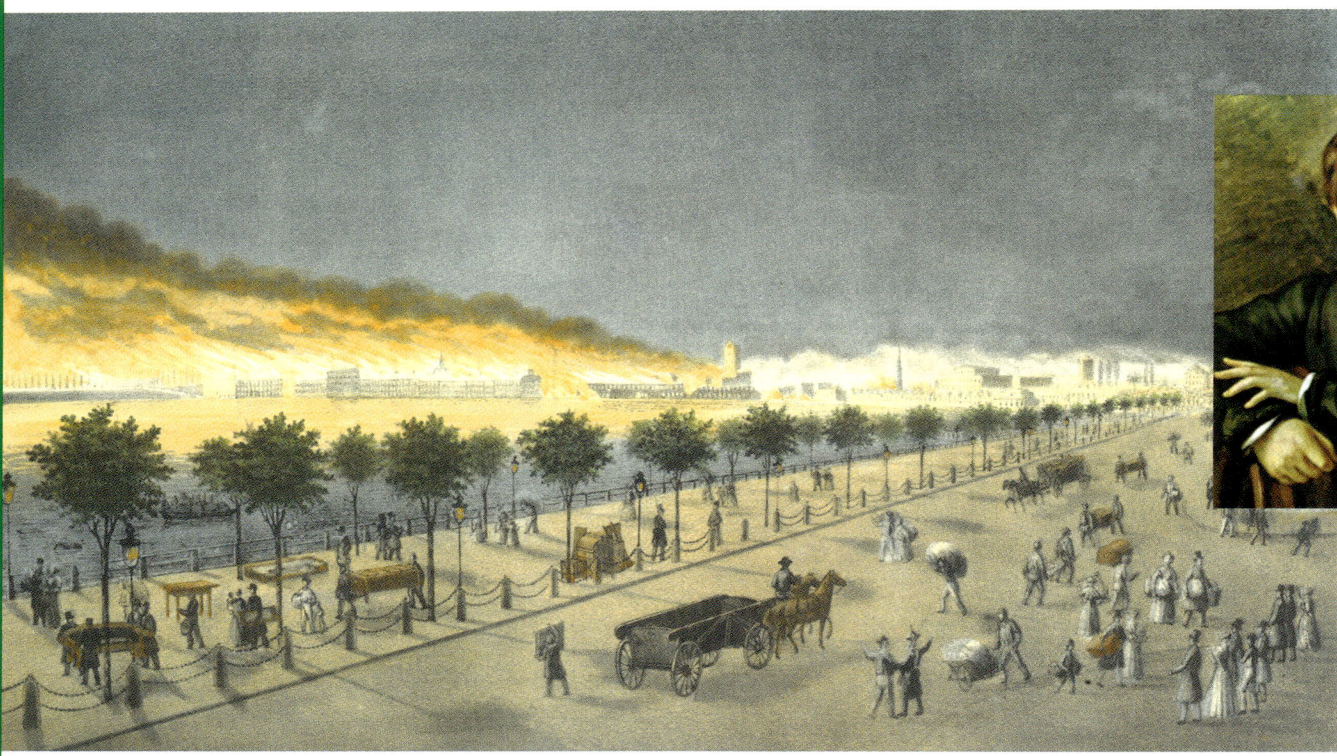

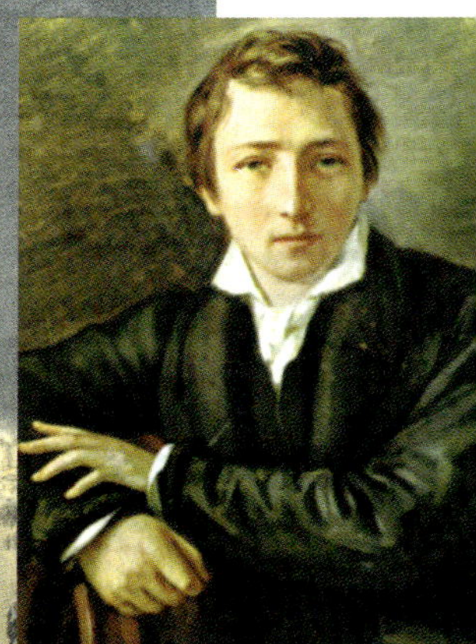

Heinrich Hein
(1797-185

Blick vom Neuen Jungfernstieg auf das brennende Hamburg, 1842.

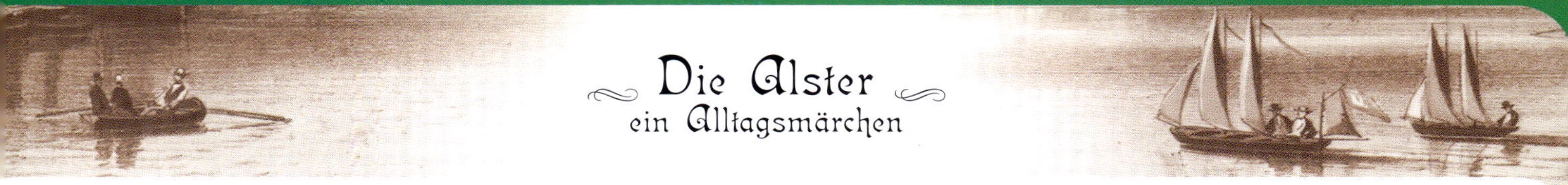

Die Feuerschäden, welche Klasse,
bezahlte Hamburgs Feuerkasse,
und Heine riet den Hamburgern:
"Auf, trocknet eure Pfützen,
und schafft euch bess're Gesetze an
und bess're Feuerspritzen."

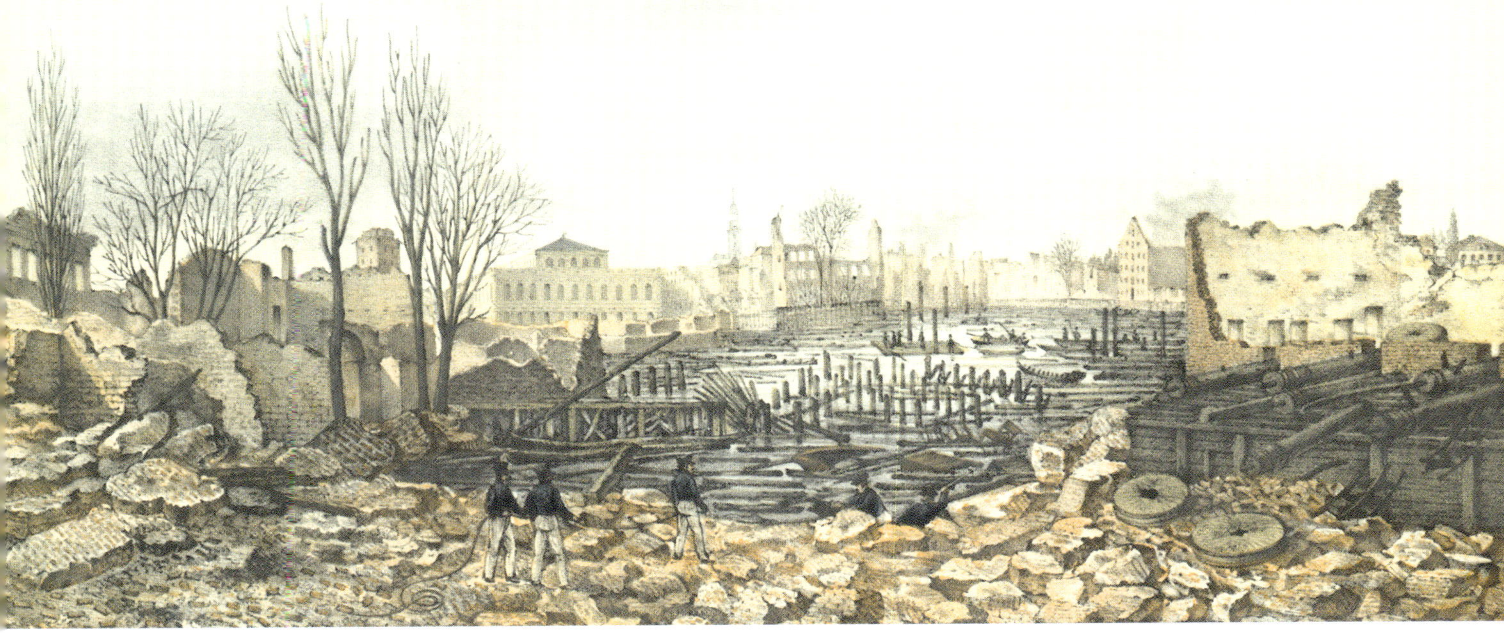

Blick vom Jungfernstieg auf die Kleine Alster, 1842. Im Hintergrund links die 1841 erbaute Börse.

Zur Zeit des Brandes führt' der Fluss
Wasser heran zum Trinkgenuss,
doch mit der Zeit sank, stet um stet,
herab die Wasserqualität.

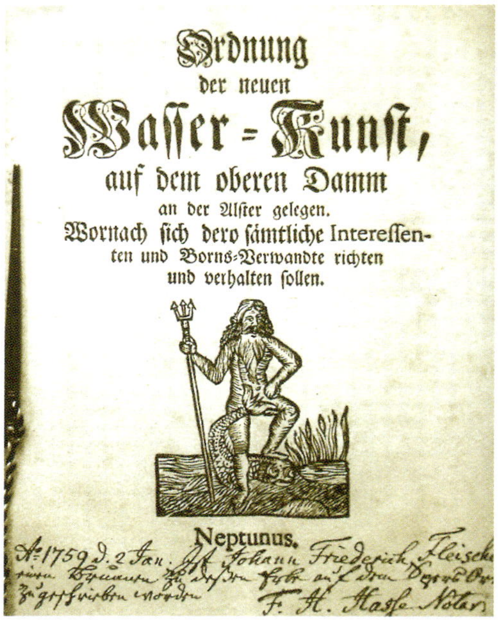

Ordnung
der neuen
Wasser=Kunst,
auf dem oberen Damm
an der Alster gelegen.
Wornach sich dero sämtliche Interessenten und Borns-Verwandte richten und verhalten sollen.

Neptunus.

Titelblatt des Buches über die erstmals 1531 erwähnte „Wasserkunst". Dies war ein Schöpfwasserwerk, das durch Holzrohre die alsternahen Haushalte mit Trinkwasser versorgte.

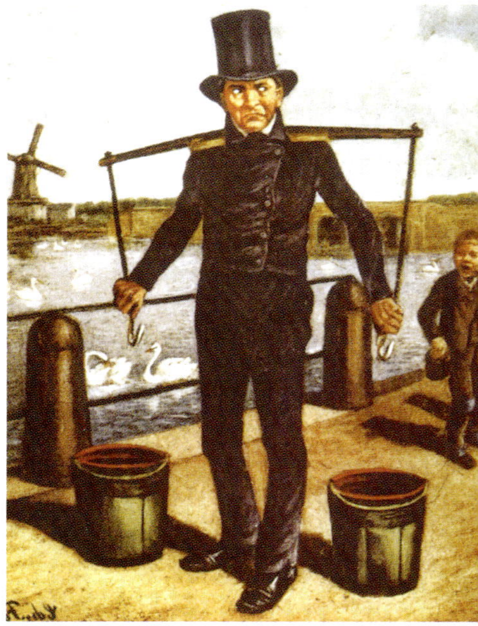

Trinkwasser wurde von Trägern in den alsterfernen Stadtteilen angeboten. Oft waren dies Frauen, doch der berühmteste Wassertäger war Johann Wilhelm Beltz, genannt „Hummel" (1787-1854).

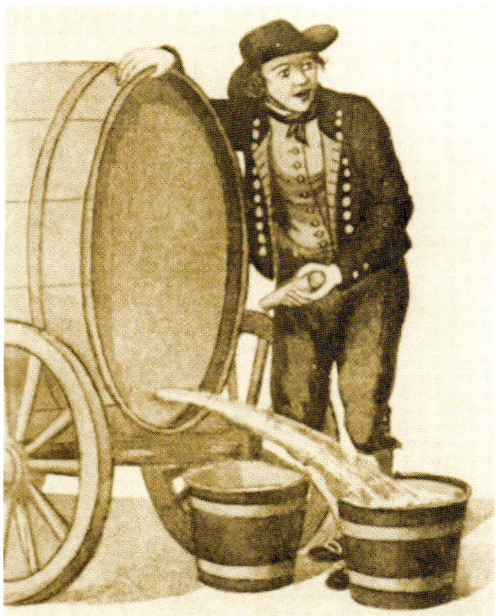

Trinkwasser wurde in großen Tankwagen in die entfernteren Stadtteile gebracht. Aquarell 1809.

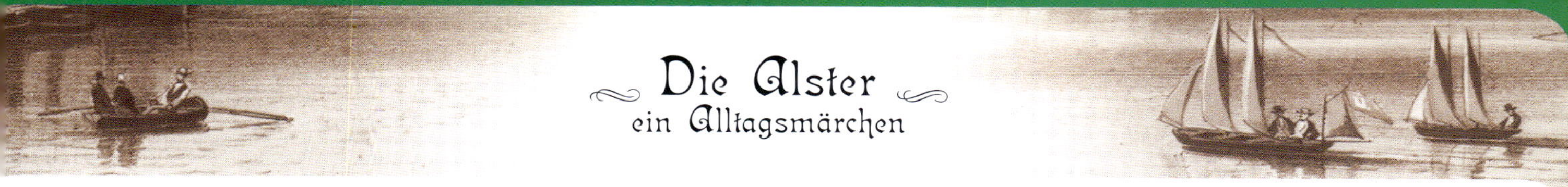

Schuld war der Hausabwässer Dreck,
doch heute ist der Dreck fast weg,
dieweil ein weiser hoher Rat
Millionen investieret hat.

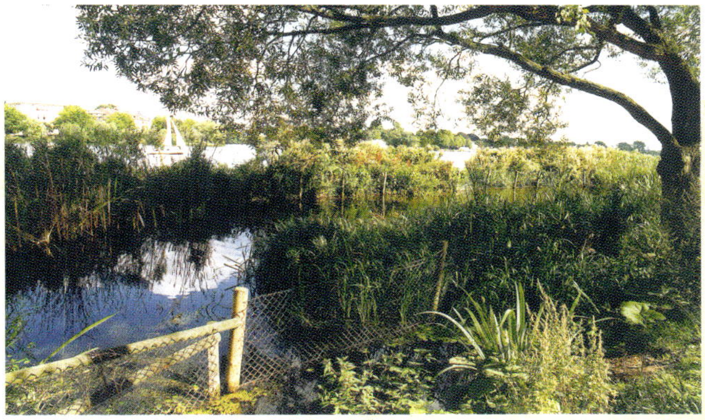

ı 20. Jahrhundert wurde der hilfsaum durch übergroße Populationen von Enten und Schwänen st vollständig zerstört. Seit 1985 ıt die Umweltbehörde durch hutzzäune erfolgreich in großen ilen des Alstervorlandes einen euen Schilfgürtel angelegt. Er ist bensgrundlage für Fische und ögel.

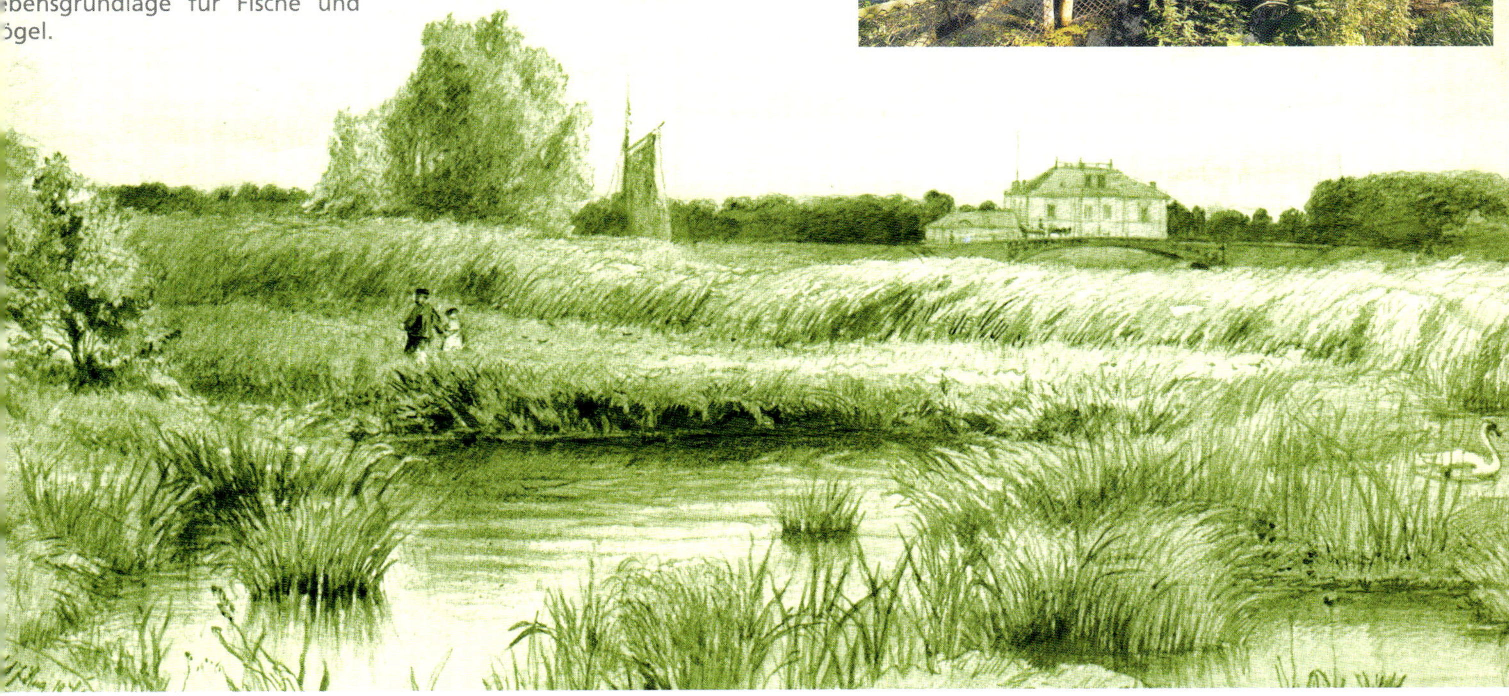

Schilfbestandenes Alstervorland in Harvestehude, 1890 und 2000.

Er senkte Türme in die Erde,
damit, der Wasserreinheit wegen,
der Dreck bei überstarkem Regen
getrennt zurückgehalten werde.

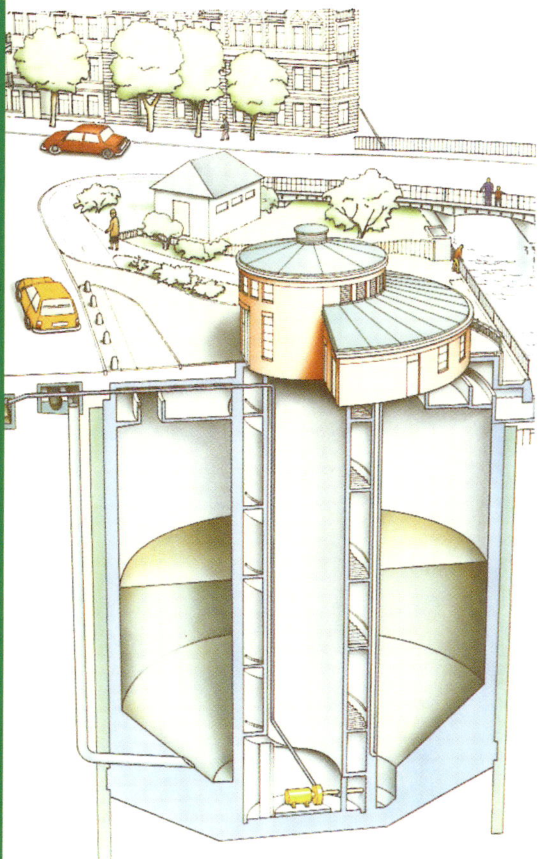

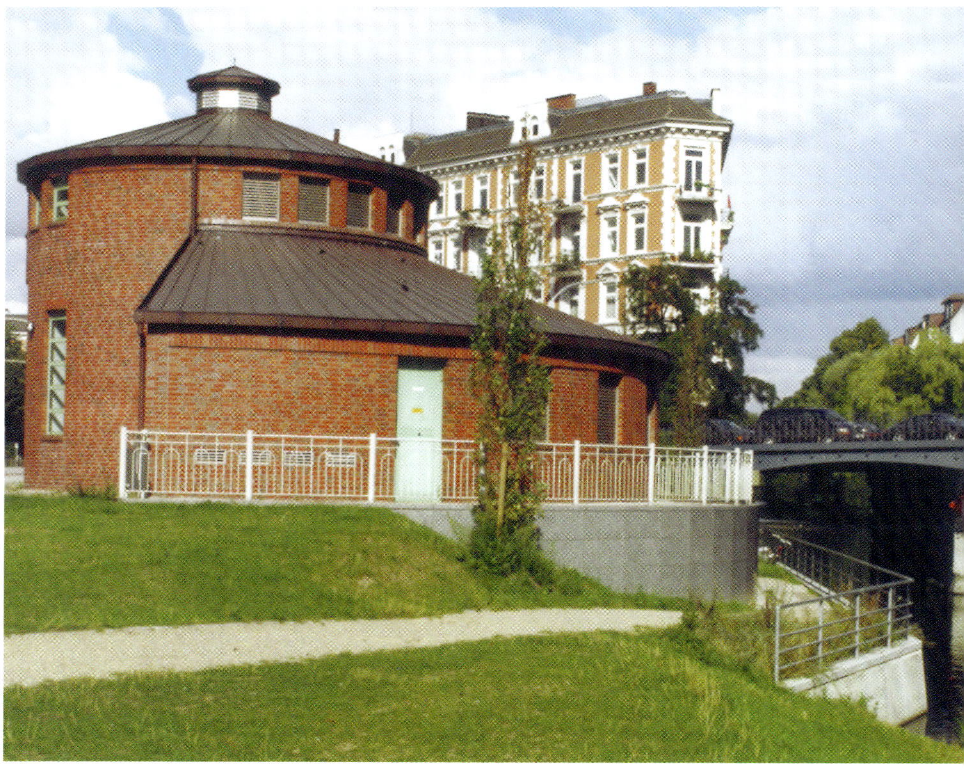

Mischwasserrückhaltebecken an der Isebek (Ecke Lehmweg/Klosterallee). Es fasst 7.500 Kubikmeter und soll wie die anderen fünf Rückhaltebecken bei starkem Regen die Wassermengen zwischenspeichern, damit die Isebek und die anderen Alsterzuflüsse nicht von überlaufenden Abwässern verschmutzt werden.

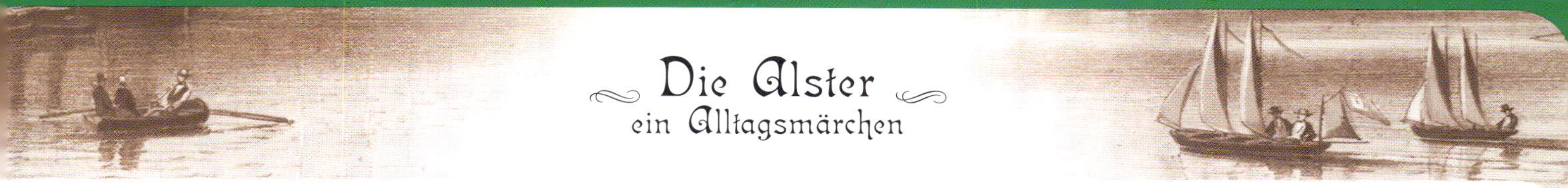

So jubeln jetzt die Alsterfische
ob dieses Wassers neuer Frische,
was dazu führt, dass jedermann,
den Fisch getrost verzehren kann.

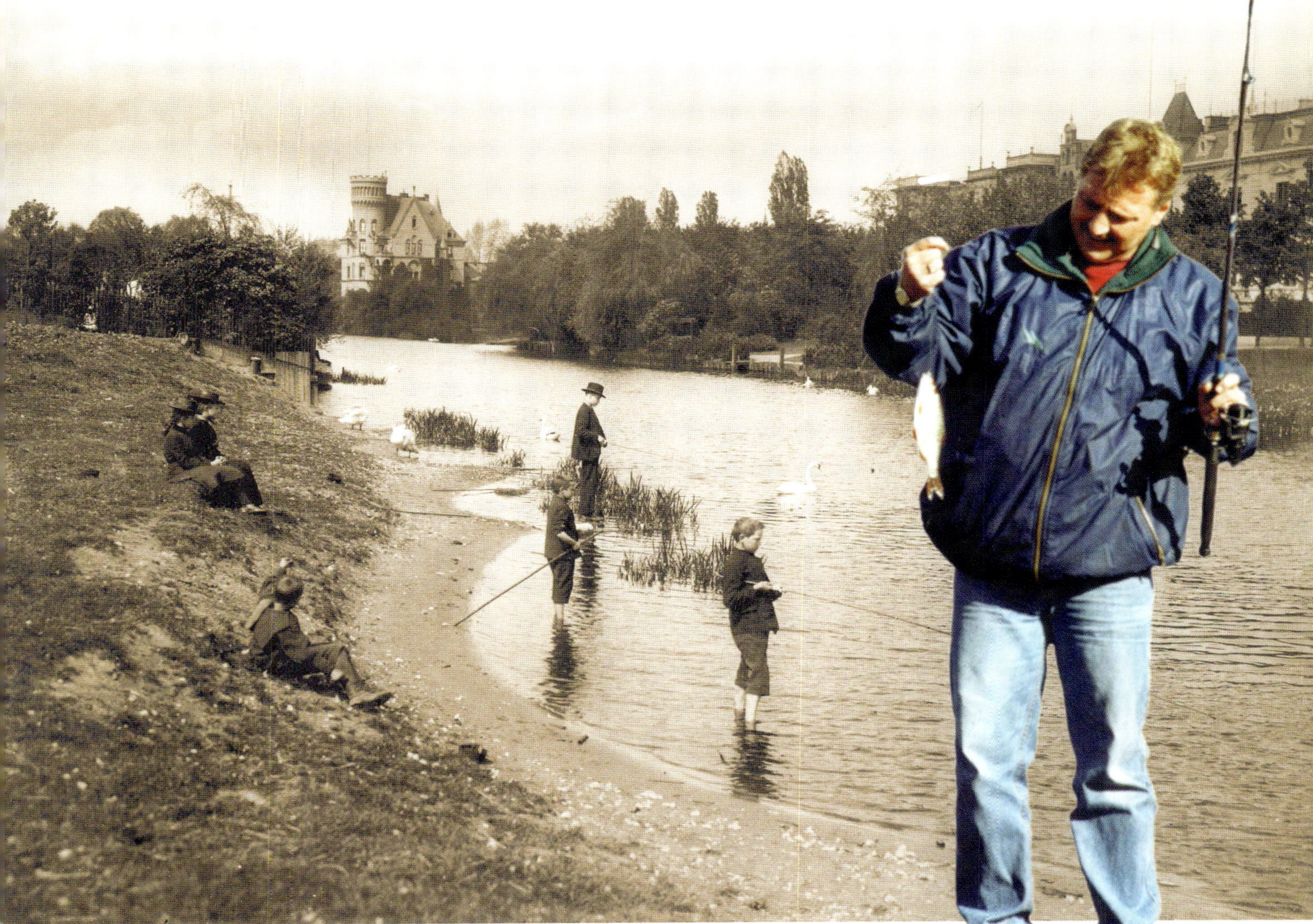

ngelszene an der Bellevue. Blick nach Norden
den Alsterseitenkanal, um 1905.

Alsteranglerglück 2000

Auch Baden in der Alsterflut,
ohne uns die Haut zu ätzen,
ist wieder möglich neuerdings -
wir wissen es zu schätzen.

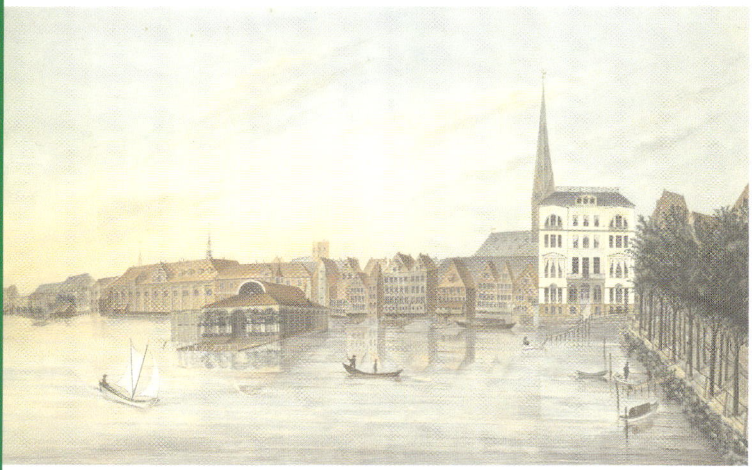

Badeanstalt in der Binnenalster, 1810.

Mit einer pfiffigen Kampagne wirbt die Stadtentwässerung für ihre Arbeit.

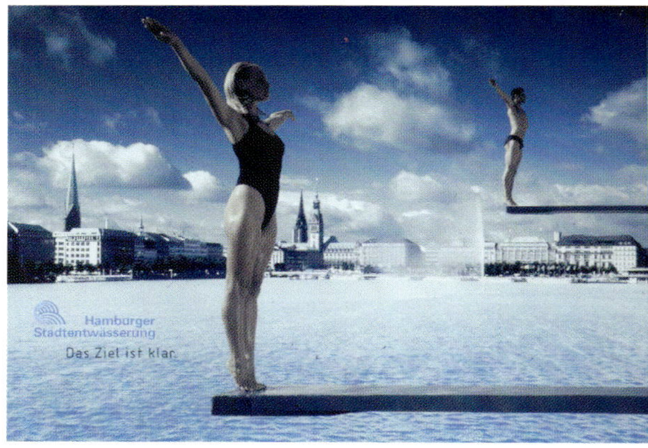

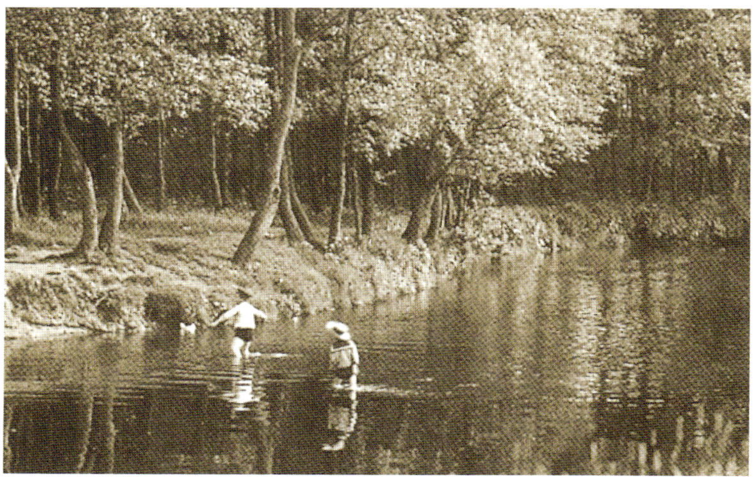

Badende Kinder an der Oberalster, um 1890.

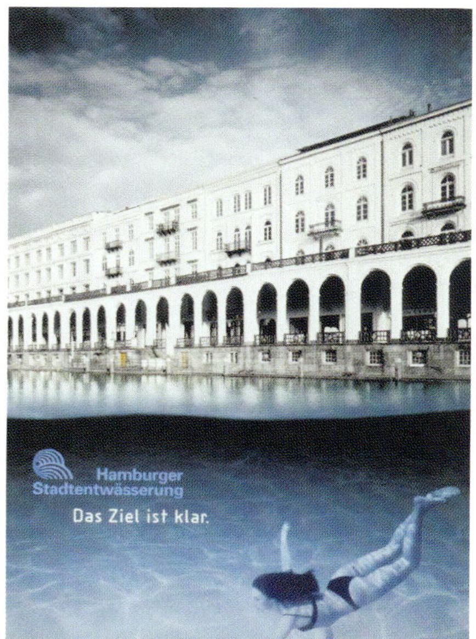

5.

Die Alsterwasser früher trieben
in ihrem Lauf der Mühlen sieben.
Fast alle kamen uns abhanden,
auch die an Nebenflüssen standen.

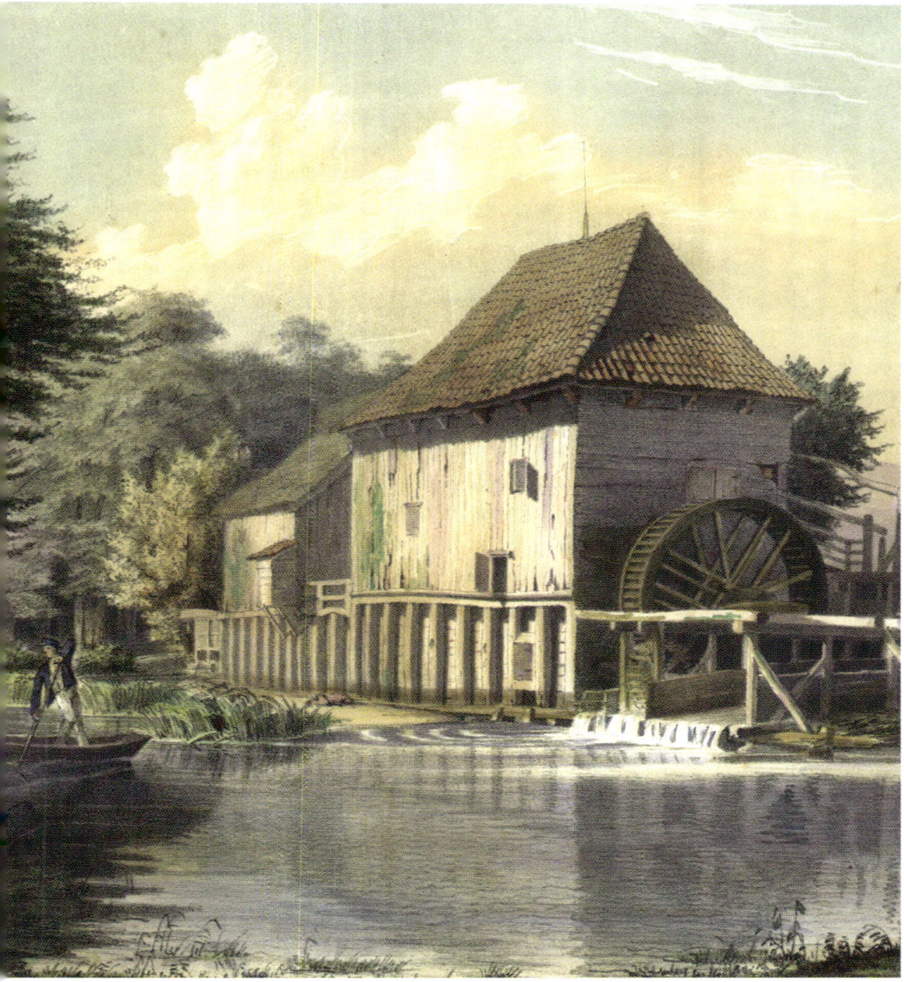

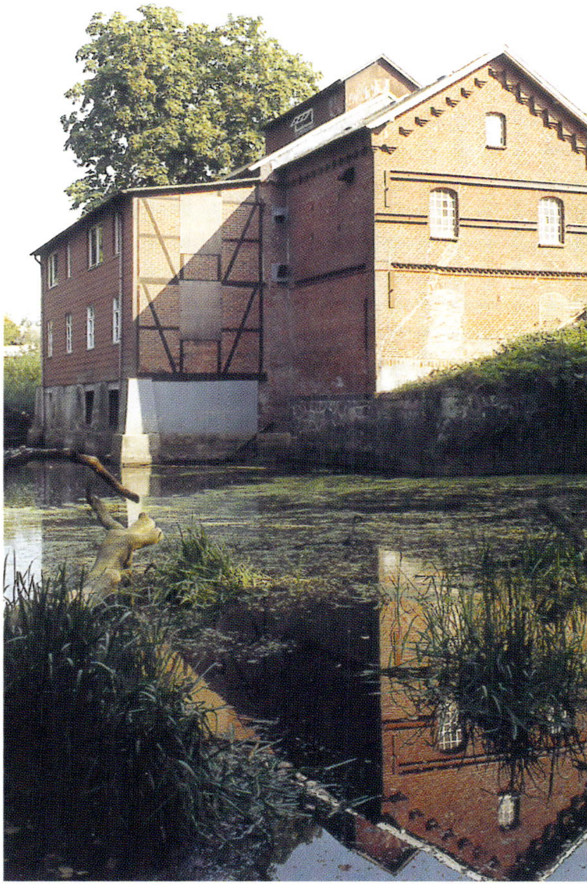

e Wohldorfer Mühle 1830 und 2000. Sie ist die letzte noch erhaltene und in Betrieb befindliche
stermühle. Sie liegt an der Ammersbek und wird mit Elektrizität angetrieben.

Geblieben sind die Mühlenteiche,
sie sind des Alstertales Zier.
Das Mühlrad schweigt, die Teiche blieben
für uns als Freizeitspaß-Revier.

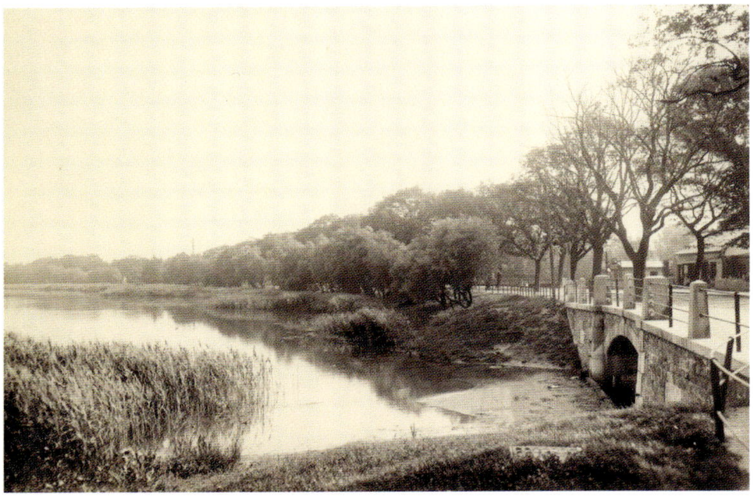

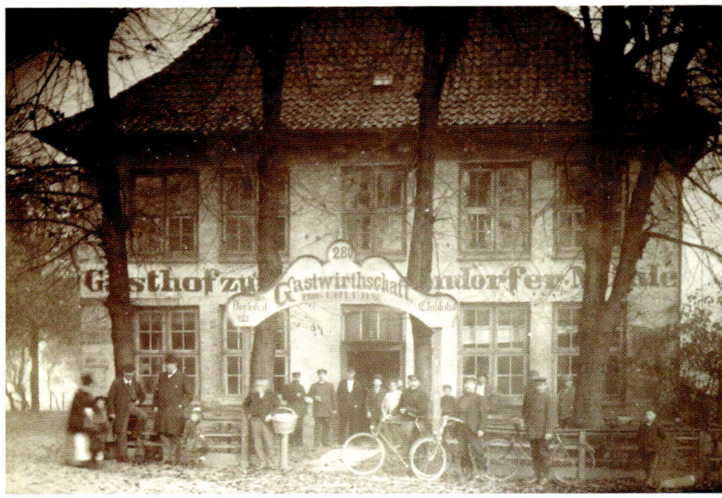

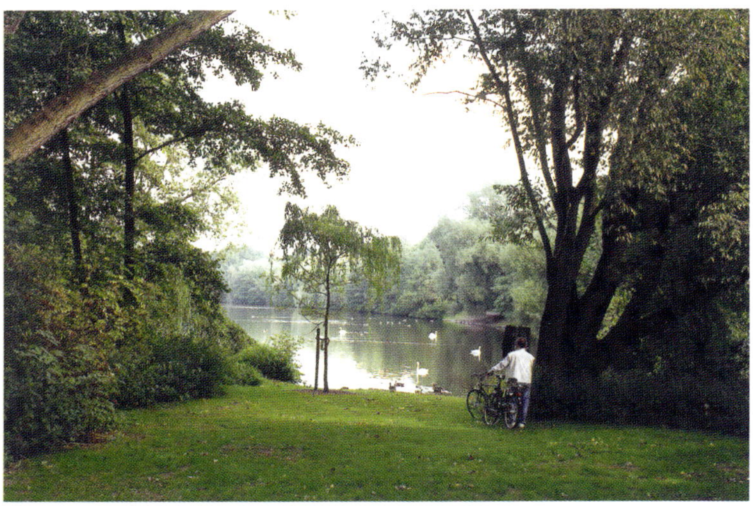

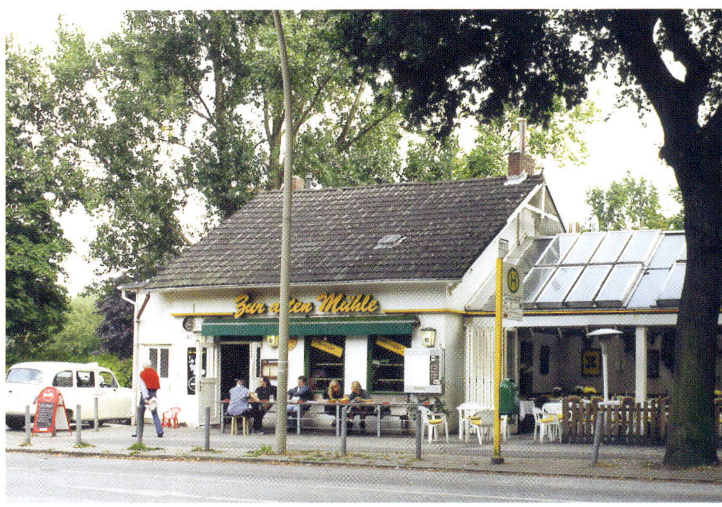

Der Eppendorfer Mühlenteich, 1901 und 2000.

Zur alten Mühle, 1901 und 2000.

Verstreut im ganzen Alstertal
laden sie zum Verweilen ein,
wo früher schwer geschuftet ward',
vergnügt sich heute Groß und Klein.

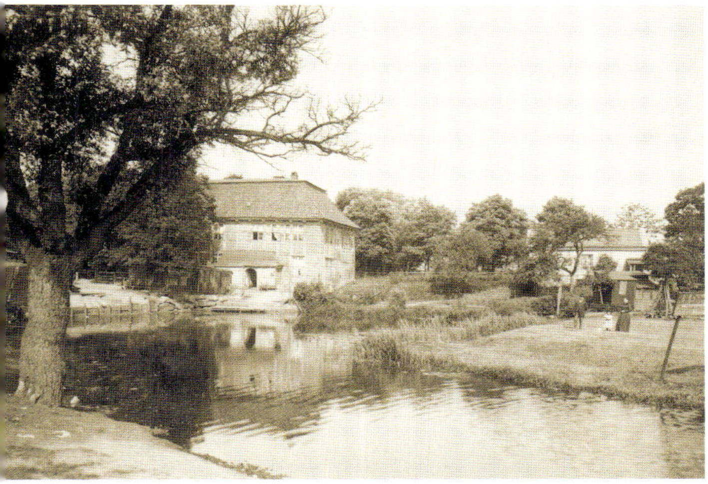

ie Eppendorfer Mühle um 1890 von der unteren, der Kolkseite.

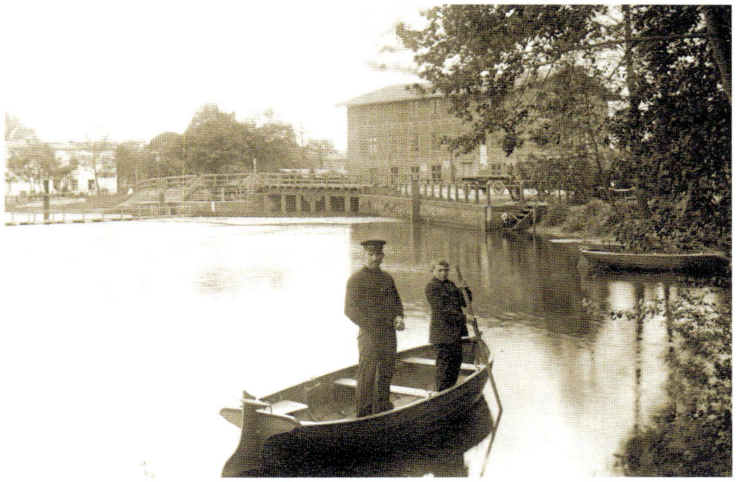

Ansicht des Fuhlsbüttler Mühlenteiches von Norden.
Im Hintergrund die Ratsmühlendammbrücke.

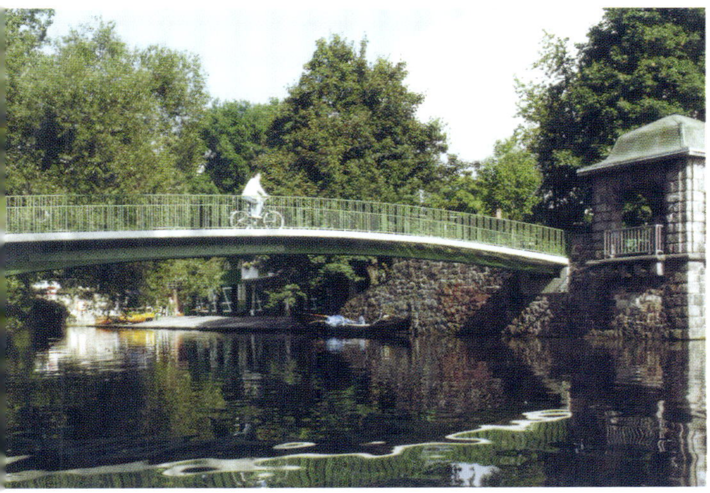

An der Stelle der früheren Mühle befindet
sich heute ein Bootshaus (2000).

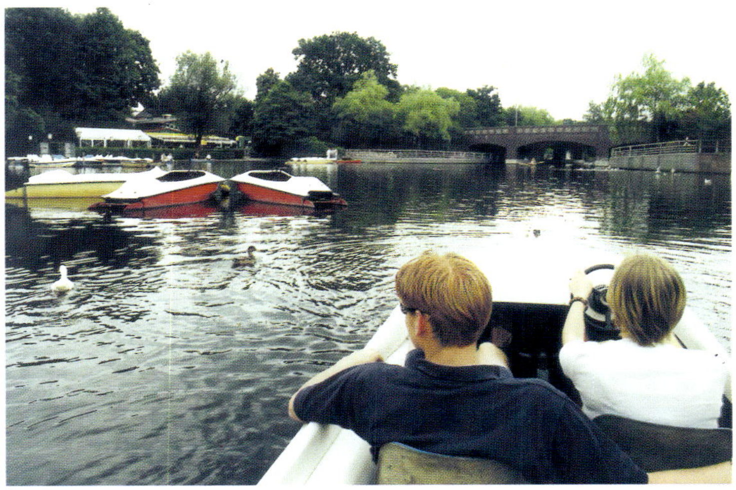

Blick auf die Ratsmühlendammbrücke.

Statt schwerer, dicker Alsterschuten,
die einst den Alsterfluss befuhren,
sind's heut' die Paddler und Kanuten
auf ihren Sonntags-Freizeit-Touren.

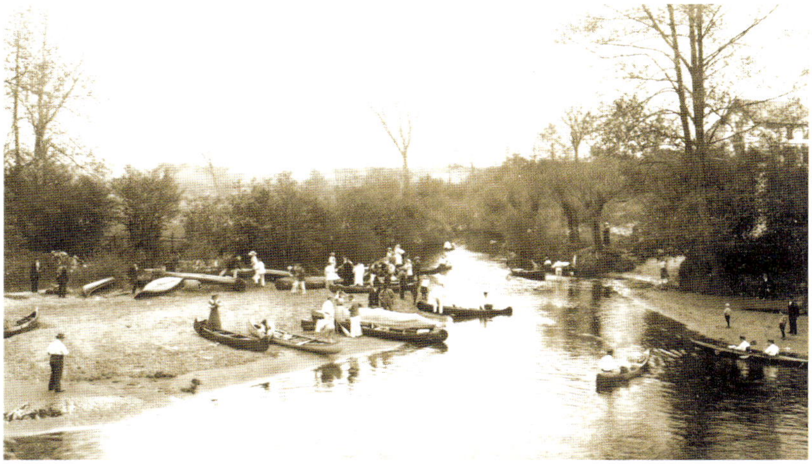

Paddler unterhalb der Wohltorfer Schleuse, 1930.

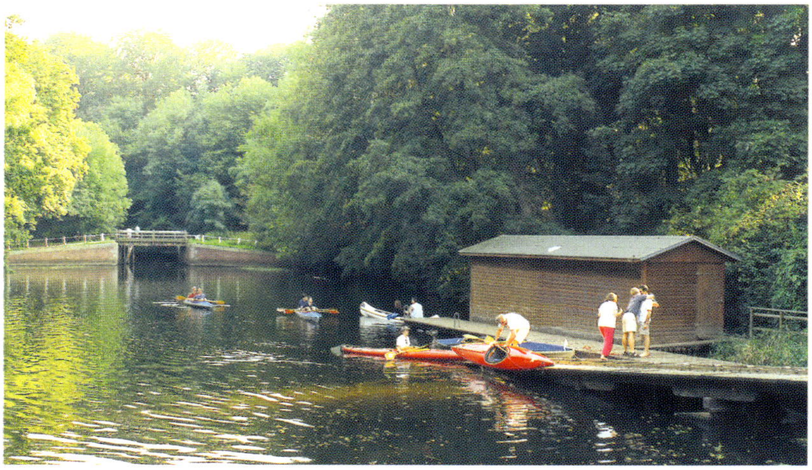

Paddler an der Mellingburger Schleuse, 2000.

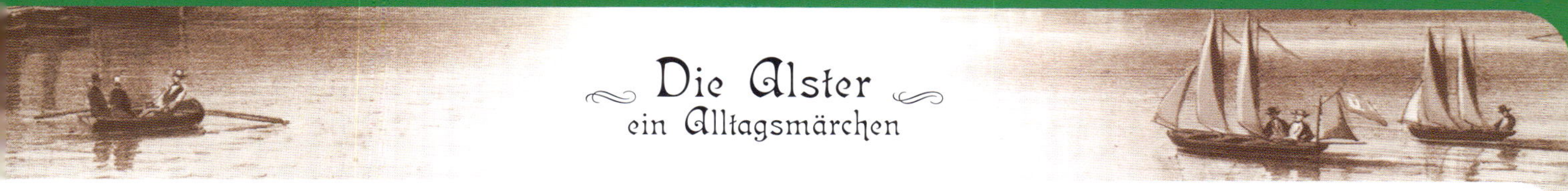

Die Außenalster ist der Ort
für Ruder- und für Segelsport.
Was früher nur die Reichen trieben,
macht heut' ein jeder nach Belieben.
Zufrieden wär' auch Heinrich Heine:
die Zeit, sie macht dem Fortschritt Beine.

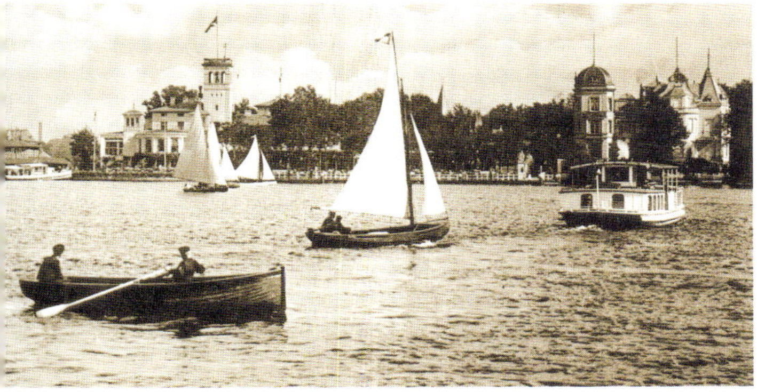

Freizeit vor dem Uhlenhorster Fährhaus, 1930.

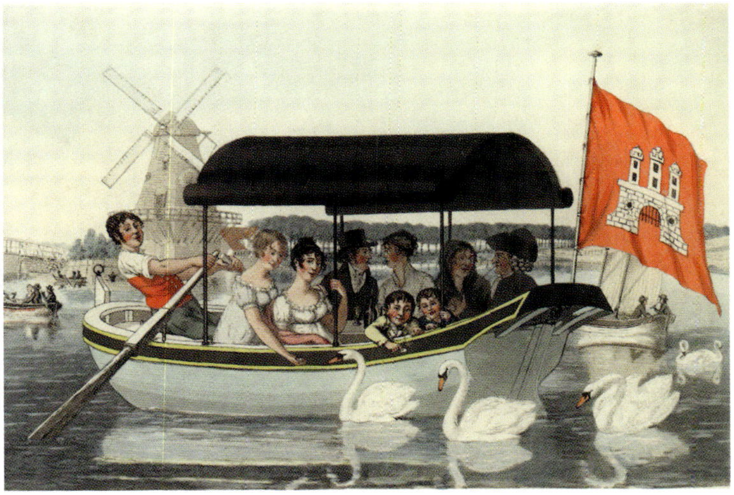

Alsterschute vor der Lombardsbrücke, 1806.

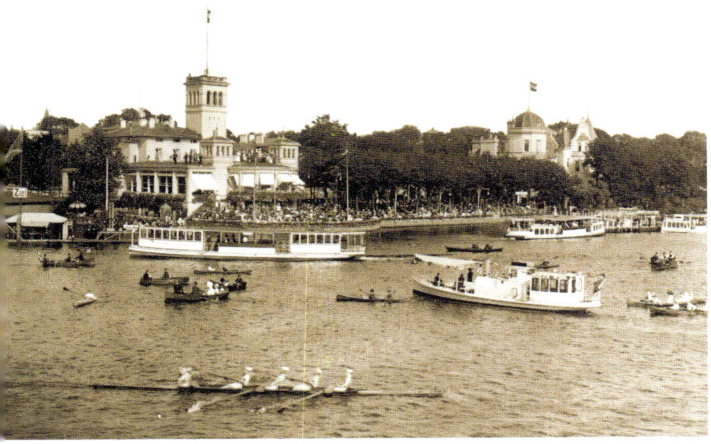

Ruderer und Alsterdampfer in Koexistenz, 1934.

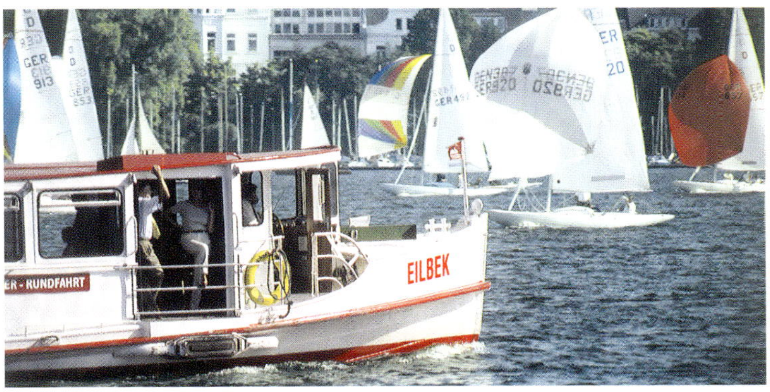

Koexistenz 2000: Blick auf Harvestehuder Ufer.

Veränderung traf auch die Schleusen,
die einst für Schiffsverkehr erbaut.
Sie regeln jetzt die Wasserstände,
indem man's Wasser klug aufstaut.

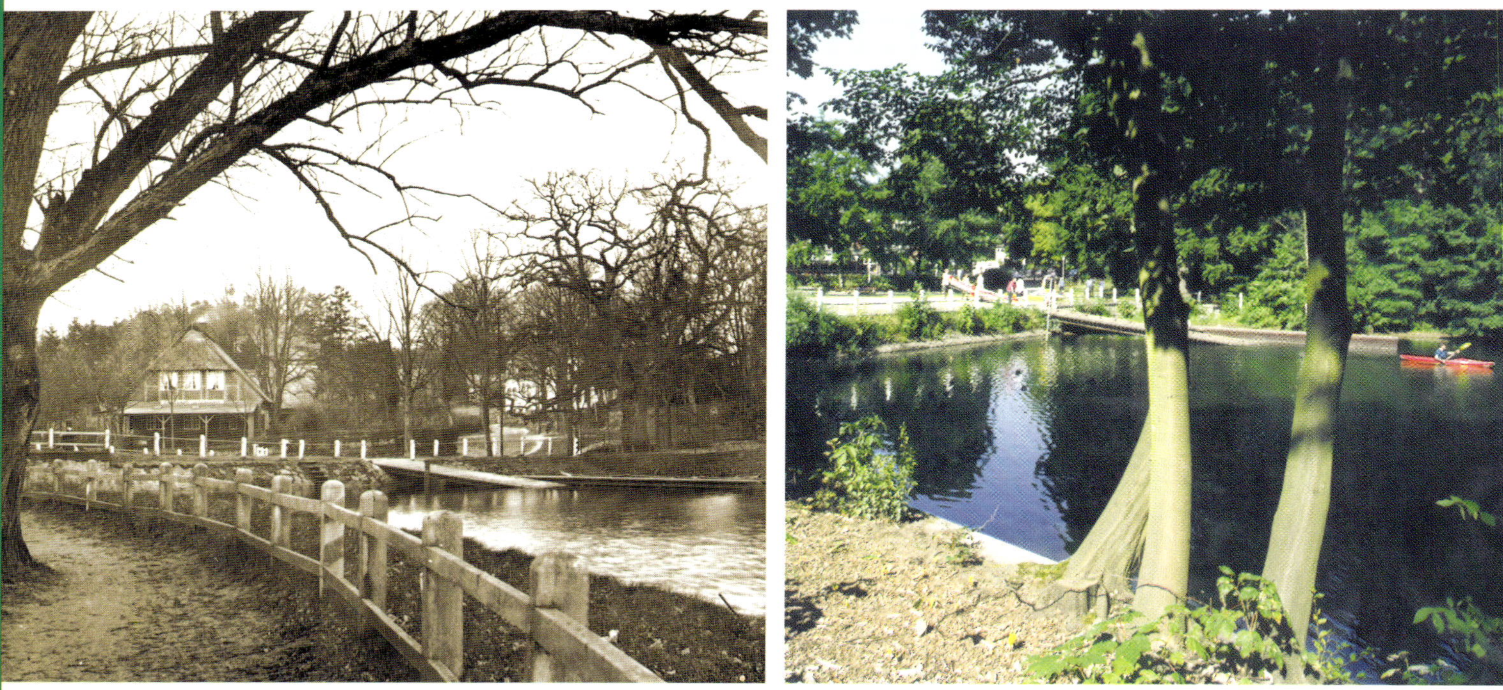

Die Poppenbüttler Schleuse von Norden, 1910 und 2000.

Nur Fische haben ein Problem:
Wenn sie zum Laichen flussauf schwimmen,
könn'n sie die Schleusen nicht erklimmen.
Sie finden's schlichtweg nicht bequem.

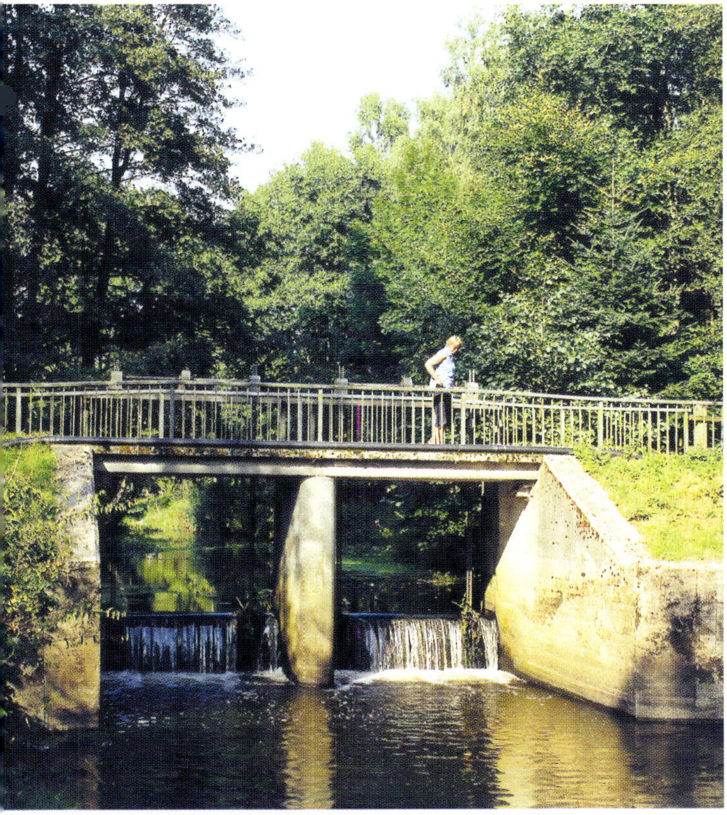

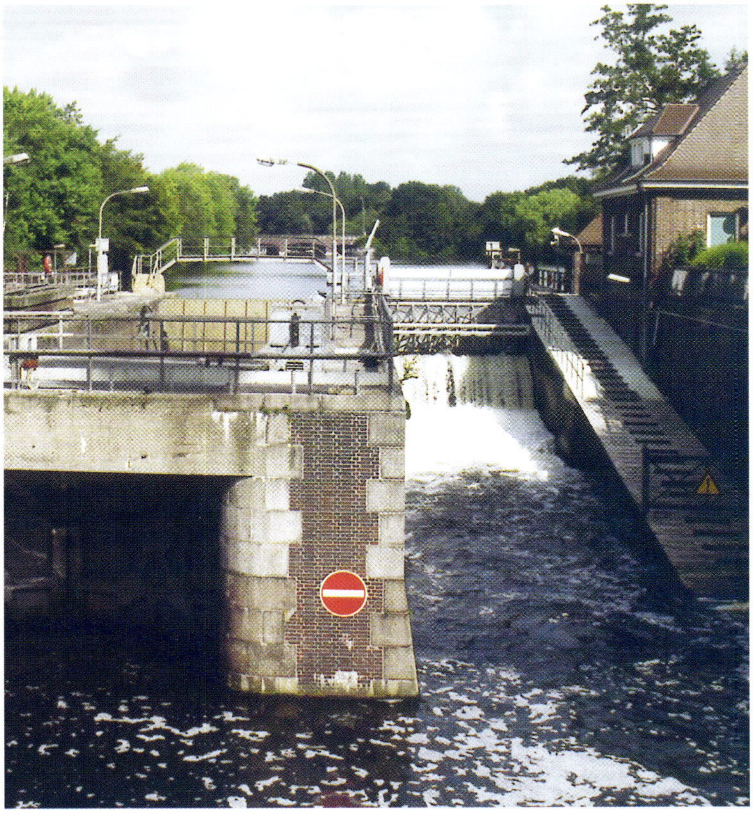

e Schleusen in Rade (links) und Ohlsdorf (rechts).

Doch seht: 'ne Lösung hat parat
auch hier der weise hohe Rat:
er lässt die Fischlein treppauf gleiten –
er hat halt Sinn für Minderheiten.

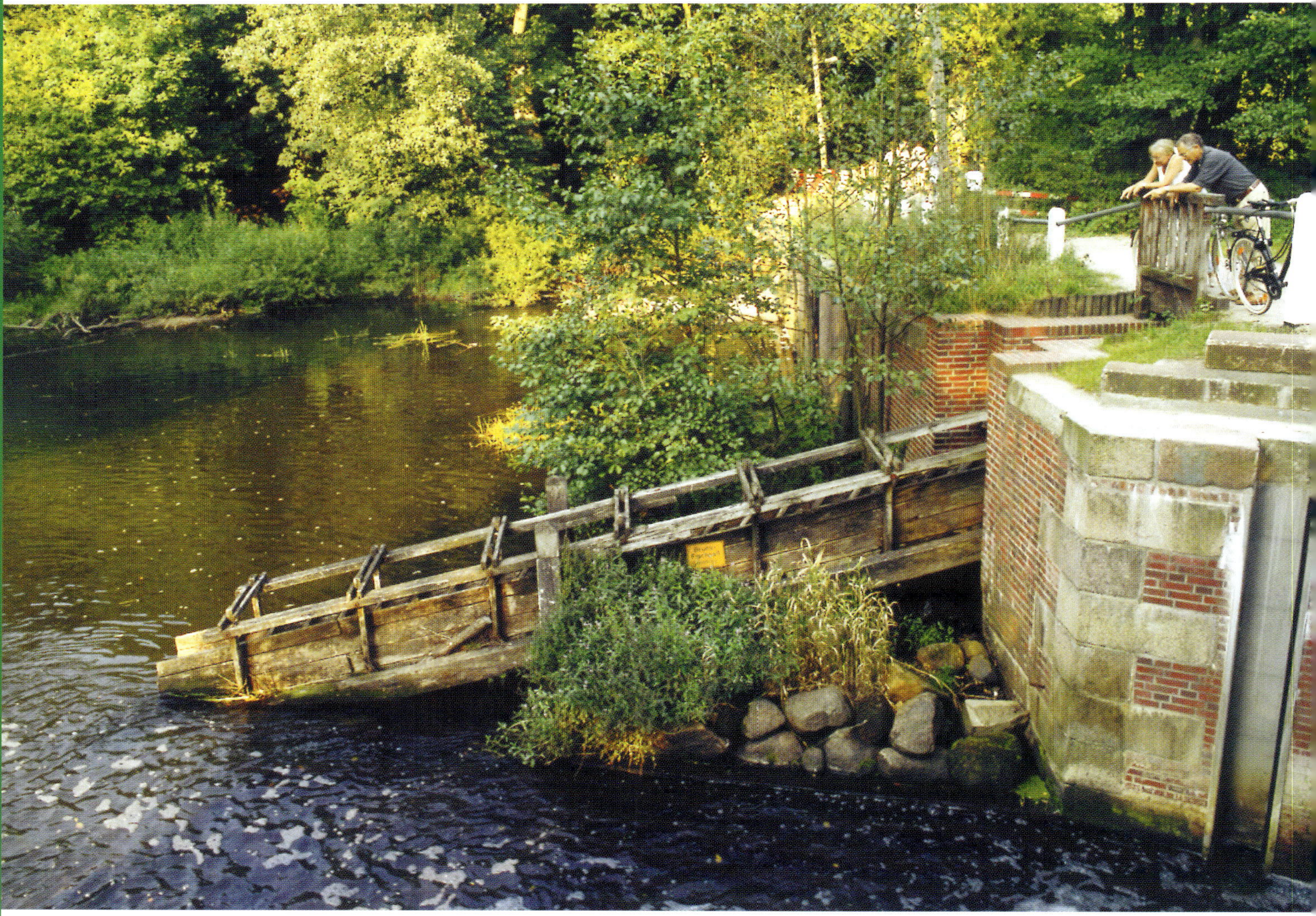

Fischtreppe an der Mellingburger Schleuse. Derartige Vorrichtungen gibt es an allen großen Schleusen an der Alster.

6.

Ein Alltagsmärchen ist allhier
nicht nur der Alsterfluss -
es ist das ganze Alsterland
zum Wandern ein Genuss,
zum Promenier'n, zum Fahrradfahr'n,
zum Ruhen und Sinnieren -
was Schön'res als die Alster
konnte Hamburg nicht passieren.

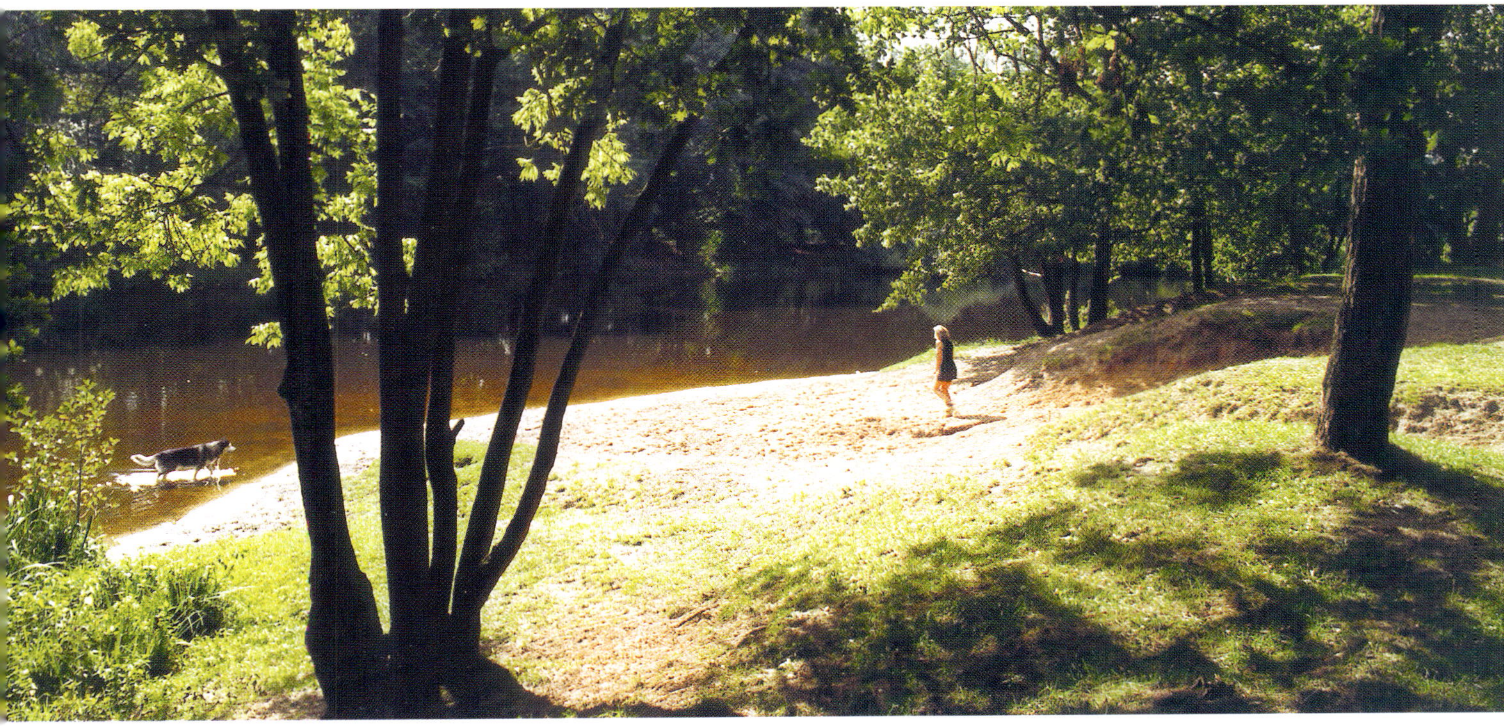

Der Kupferteich, die aufgestaute Mellingbek oberhalb Poppenbüttels, Ansicht von Nordosten, 2000.

Vom Zentrum bis zum Oberlauf,
die reinste Augenweide,
führ'n Wege uns den Fluss hinauf
durch Wiesen, Wald und Heide.

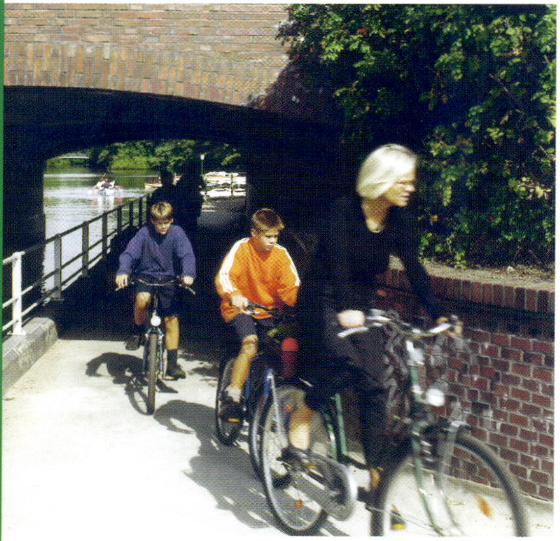

Ratsmühlendamm in Fuhlsbüttel.
Fast überall kann man unter den
Alsterbrücken hindurchfahren.

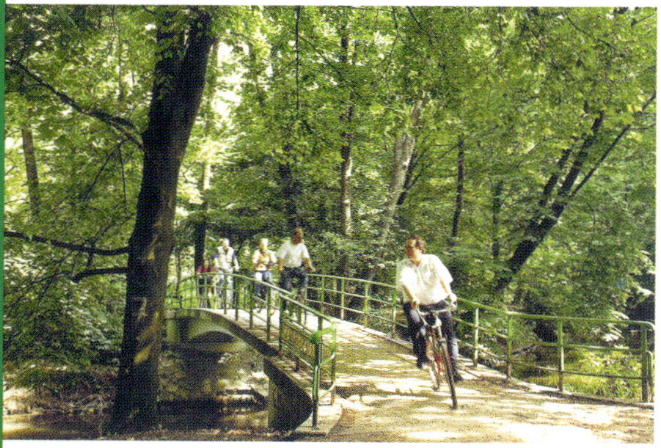

Alsterbrücke oberhalb Klein Borstels.

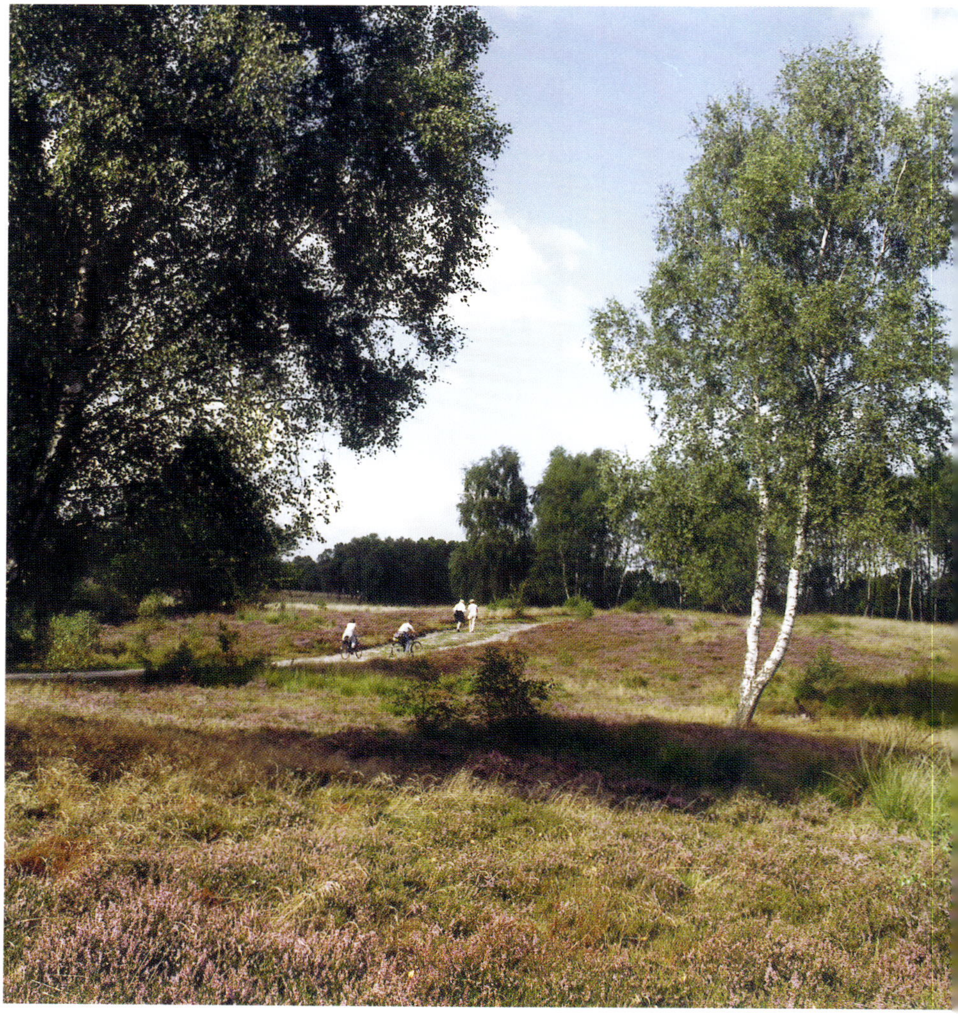

Heidelandschaft am Rande des Wittmoors westlich der Oberalste

In Schleswig-Holstein sind sehr oft
die Ufer ganz privat.
Dem Hanseaten passt das nicht,
auch nicht dem hohen Rat.
Er sorgt dafür, dass mindestens
ein Ufer offensteht
dem Publikum, das Fahrrad fährt
und sich zu Fuß ergeht.

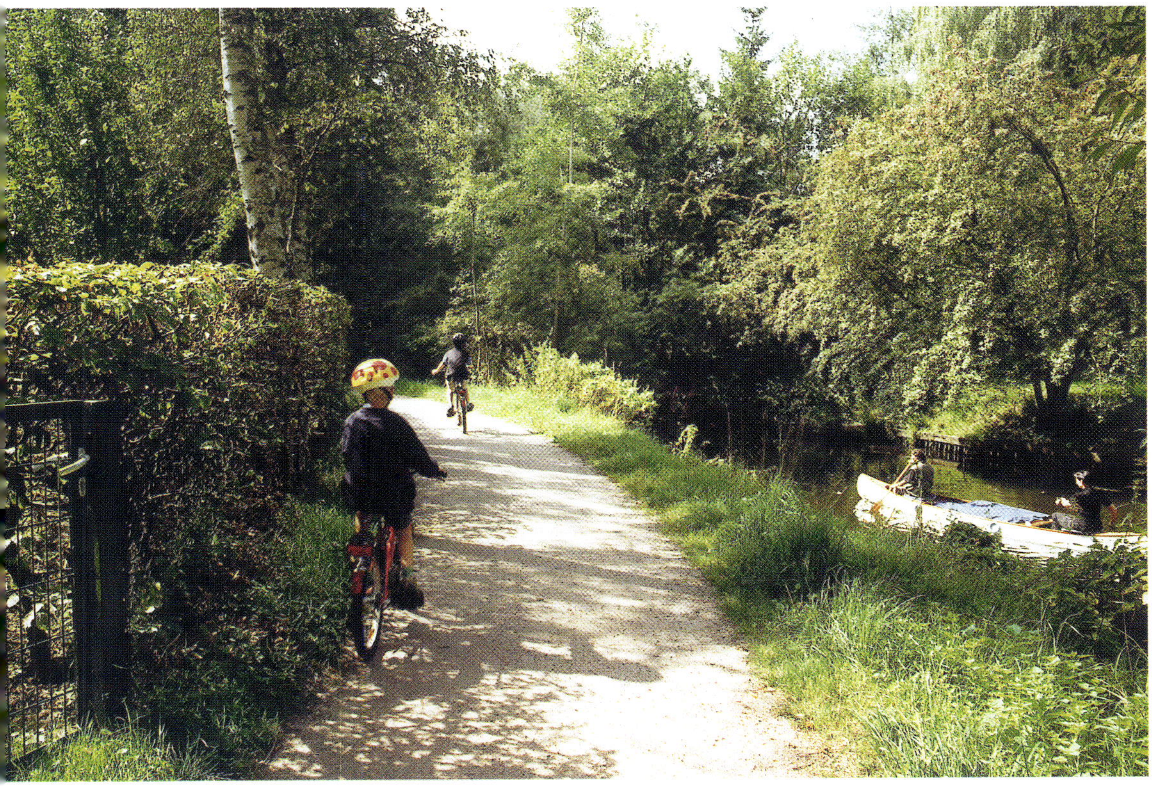

Auf Hamburger Gebiet führt zumindest auf einer Alsterseite entlang der ganzen Alster ein Fuß- und Radweg am Alsterufer entlang.

lsterlauf in südlicher Blickrichtung unterhalb Poppenbüttels, 2000.

Bei uns darf ruhig der Pfeffersack
schön wohnen für sein Geld,
solange auch der kleine Mann
sein gutes Recht erhält.

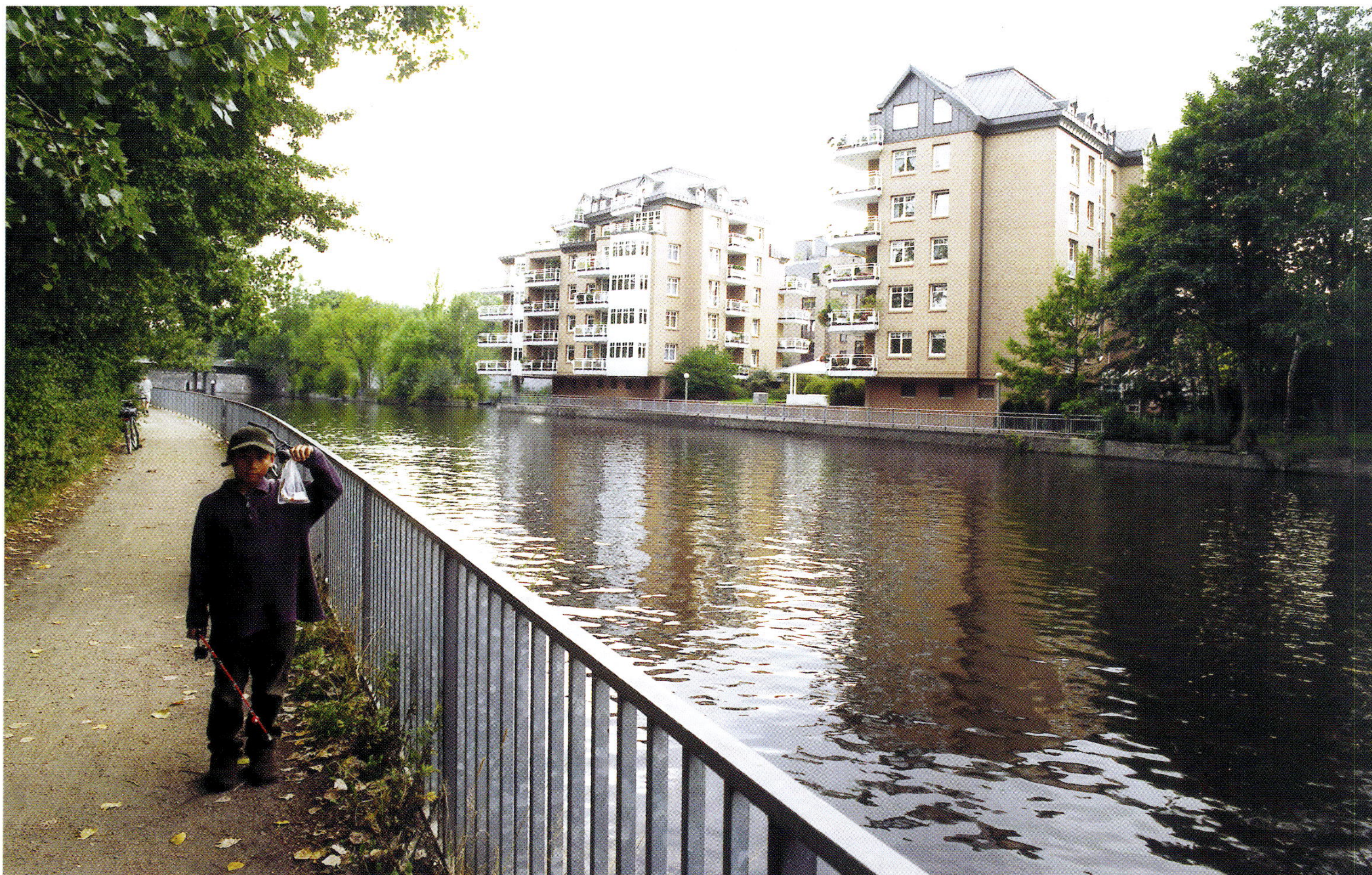

Der Alsterstreek in Höhe Lattenkamp, 2000. Rechts des Ufers luxuriöse Eigentumswohnungen, links des Ufers der öffentlich zugängliche Alsterwanderweg.

Die Alster ist ein Luxusgut
für alle uns're Stände,
es ist, als ob vom Paradies
ein Stückchen man hier fände.

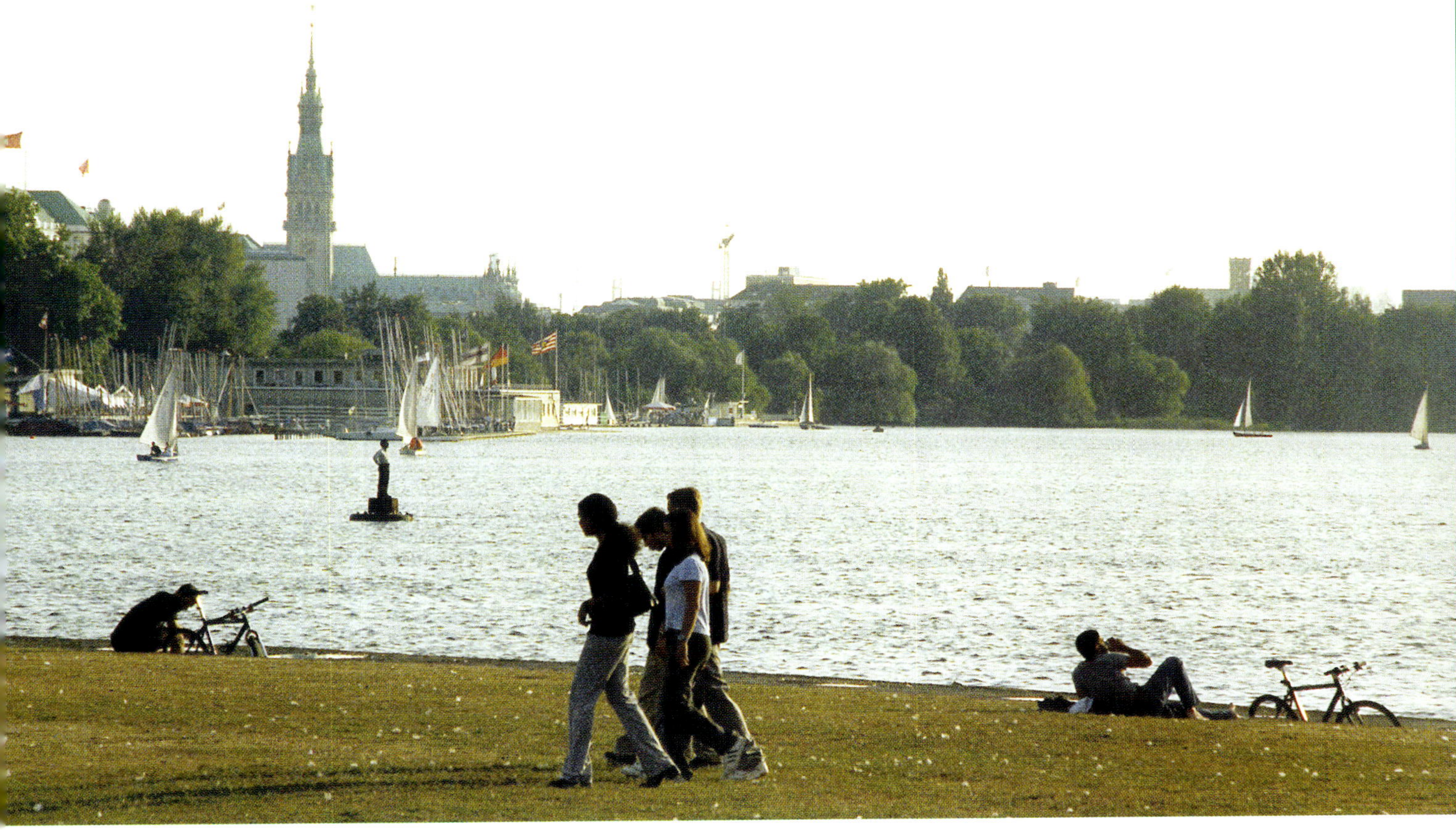

:hwanenwyk, Blick auf die Außenalster in Richtung Innenstadt, 2000.

Im Winter wie im Sommer
zieht sie uns in ihren Bann,
sie ist die Perle Hamburgs,
die uns niemand rauben kann.

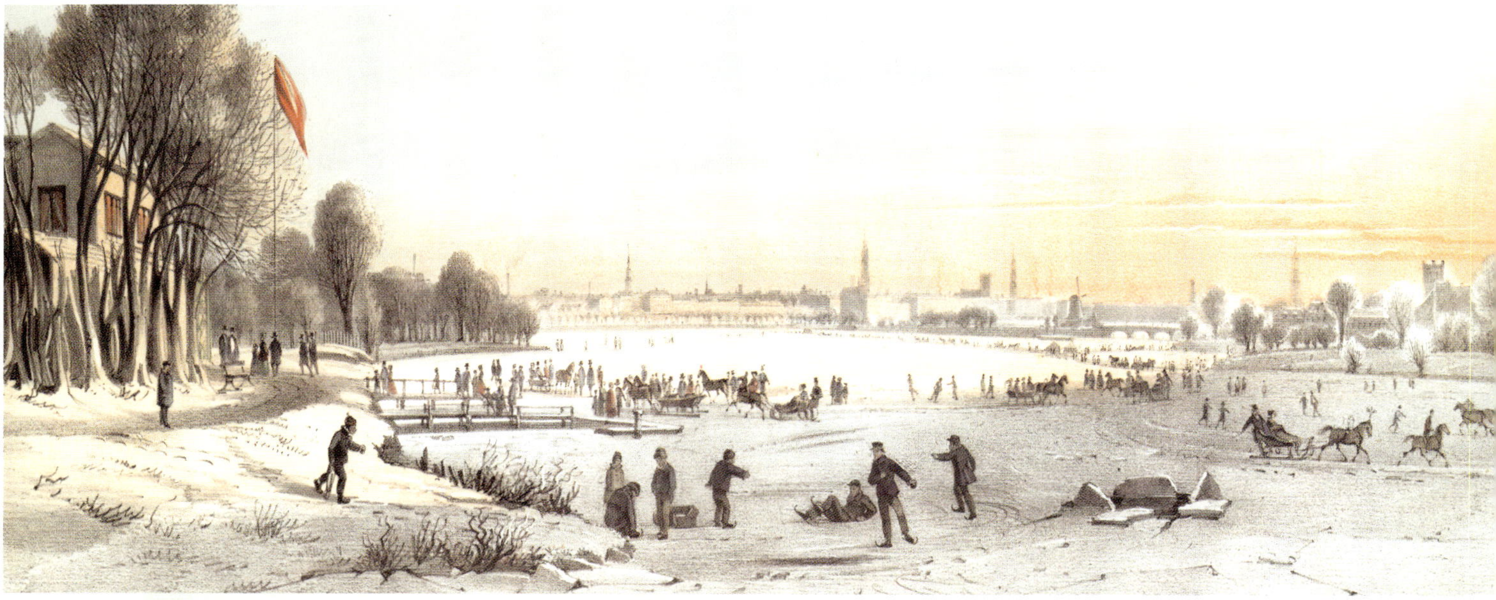

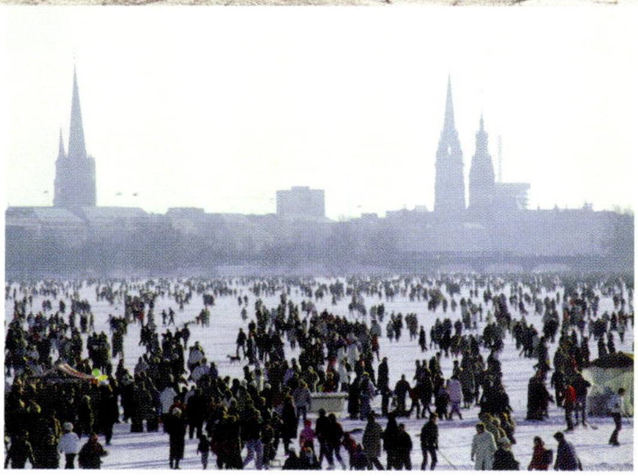

Die zugefrorene Außenalster 1830 und 1995.

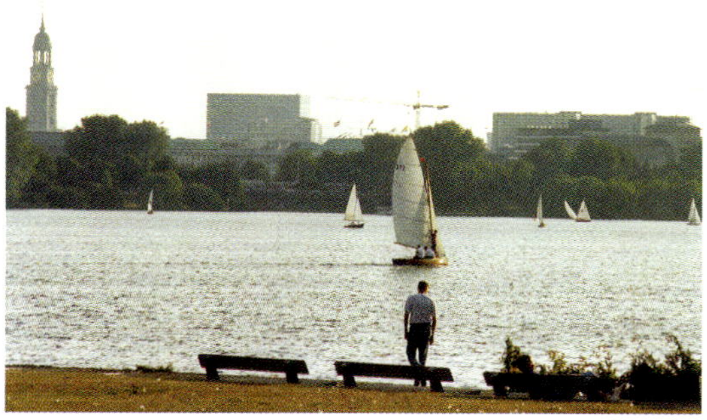

Blick auf Lombardsbrücke und Dammtorwall, 2000.

Drum, Hamburger und Hamburgerin:
Beschützet diese Perle,
und achtet drauf, dass weiterhin
ihr Zustand besser werde!

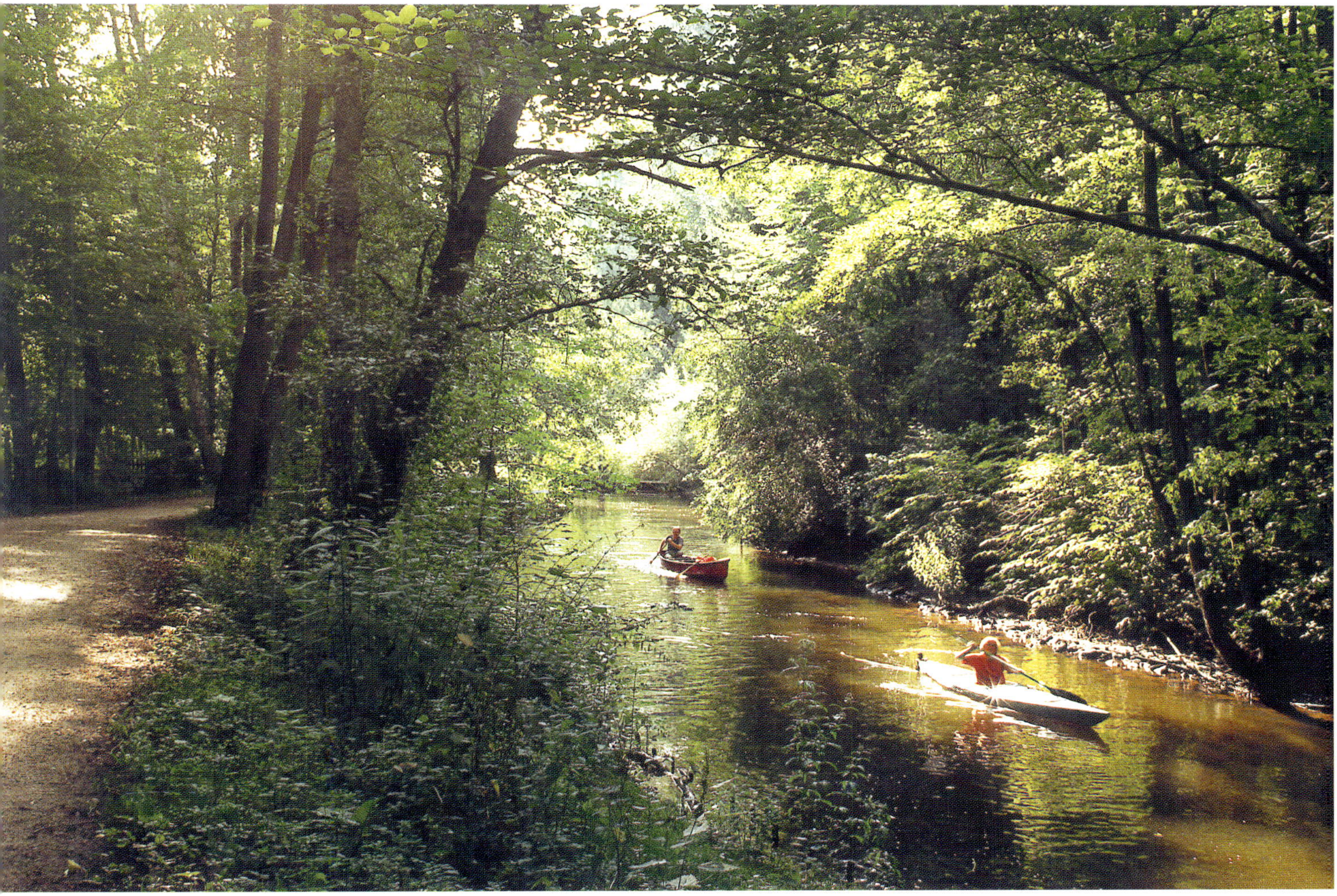

Die Alster oberhalb Fuhlsbüttels, 2000.

Der Heine auf dem Rathausmarkt,
wird manchmal an euch denken,
euch gar, wenn ihr vorübergeht,
ein Augenzwinkern schenken.

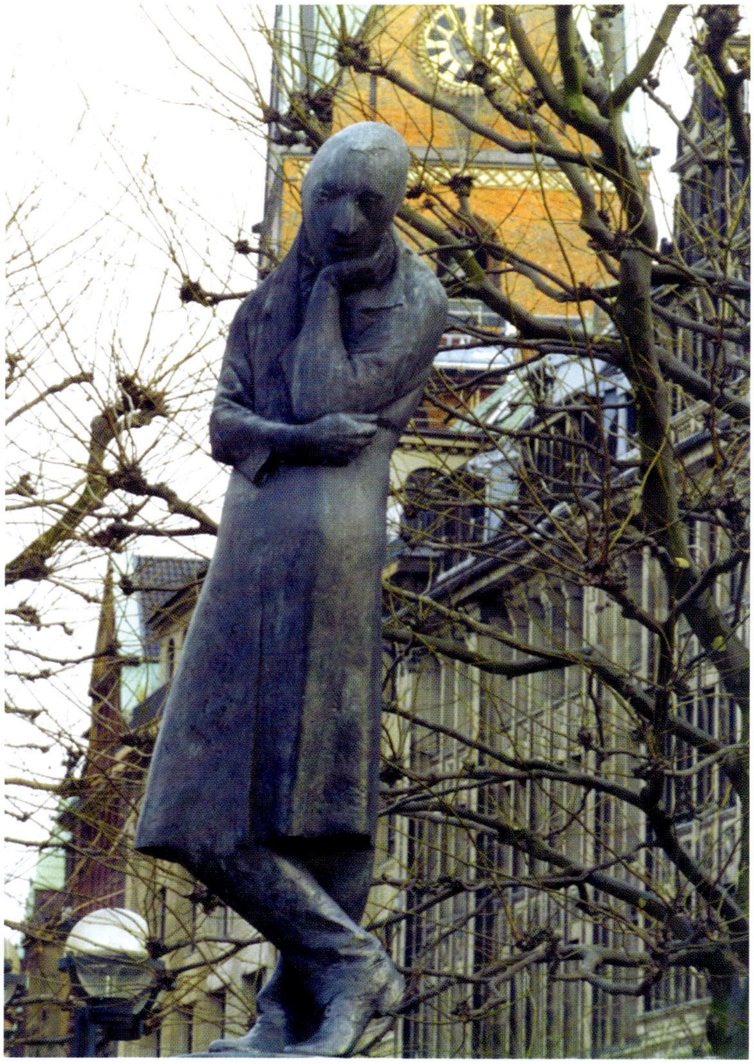

Die Nationalsozialisten hatt das erste Heine-Denkmal, das i Hamburger Stadtpark stan 1933 gestürzt. Nach lang öffentlichen Diskussionen wur das jetzige Heine-Denkmal 19 als bewusster Akt dauerhaft Ehrung auf dem Rathausmar errichtet.

Unser Verlagsprogramm

Hamburg

Alster, die – ein Alltagsmärchen
Alstertal im Wandel, das
Altona im Wandel
Barmbek im Wandel
Bergedorf im Wandel
Bergedorf, Lohbrügge, Vierlande, Marschlande
Bramfeld, Steilshoop im Wandel
Eimsbüttel im Wandel
Eine Stadt überlebt ihr Ende - Feuersturm in Hamburg 1943 (Video)
Elbvororte, die
Elbvororte im Wandel, die (zwei Bände)
Eppendorf im Wandel
Finkenwerder im Wandel
Geschichte der Hamburger Wasserversorgung
Große Feuerwehr-Buch Hamburg, das
Große Polizei-Buch Hamburg, das
Hamburg – Weltstadt am Elbstrand
Hamburger Dom – Das Volksfest des Nordens im Wandel
Hamburgs Fleete im Wandel
Hamburgs Kirchen – Wenn Steine predigen
Hamburgs Straßennamen erzählen Geschichte
Harvestehude, Rotherbaum im Wandel
Konstruktion zwischen Kunst und Konvention
Langenhorn im Wandel
Neue Hamburg, das
Niendorf, Lokstedt, Schnelsen im Wandel
Polizei im Einsatz (Video)
Rothenburgsort, Veddel im Wandel
Schmidt, Johannes – In Alt-Stormarn und Hamburg
Schumacher, Fritz – Mein Hamburg
Süderelbe – Region der Gegensätze
St. Pauli im Wandel
Walddörfer im Wandel, die
Winterhude im Wandel

Schleswig-Holstein

Ahrensburg im Wandel
Bad Segeberg im Wandel
Eckernförde – Portrait einer Ostseestadt
Fontane in Schleswig-Holstein und Hamburg
Itzehoe im Wandel
Norderstedt – Junge Stadt im Wandel
Pinneberg im Wandel
Reinbek und der Sachsenwald
Stormarn – Geschichte, Land und Leute – ein Porträt
Sylt im Wandel – Menschen, Strand und mehr
Sagenhaftes Sylt
Sylt – Inselgeschichten
Zwischen den Fahnen

Niedersachsen

Buxtehude, Altes Land
Braunschweig – Löwenstadt zwischen Harz und Heide
Cuxhaven – Stadt am Tor zur Welt
Göttingen – alte Universitätsstadt
Hadeln, Wursten, Kehdingen
Hannover im Wandel
Hannover – Hauptstadt der Niedersachsen
Die List (Hannover) im Wandel
Lüneburg – alte Hansestadt mit Tradition
Papenburg – Fehnlandschaft an der Ems

Nordrhein-Westfalen

Bielefeld – Stadt am Teutoburger Wald
Krefeld – Seidenstadt am Niederrhein
Mönchengladbach – Grüne Großstadt am Niederrhein

Baden-Württemberg

Heilbronn – Stadt am Neckar
Ludwigsburg – Stadt der Schlösser und Gärten

Bayern

Mittenwald – Geigenbauort zwischen Karwendel und Wetterstein
Rosenheim – Tor zum Inntal
Garmisch-Partenkirchen – Herz des Werdenfelser Landes
Naturparadies Oberes Isartal